# 「神道」の虚像と実像

井上寛司

講談社現代新書

2109

■目　次

# はじめに

## 「無宗教」と宗教儀礼の社会的習俗化

今日の私たち日本人の宗教とのかかわりかたや宗教についての考えかた、あるいは日本の宗教のありかたは、世界のなかにあってきわめて特異な位置を占めている。その主な点をあげると、次の四つを指摘することができるであろう。

第一に、国民の圧倒的多数が、特定の宗教団体に属していない、あるいは特定の宗教教義を信じていないなどとして、みずから「無宗教」（無神論とは異なる）だと称していることである。各種の統計類から、その数は国民の約七割にも達するとされる［阿満利麿　一九九六］。

にもかかわらず、各種宗教団体から報告される信者数の総計が日本の総人口をはるかに超えていること、これが第二である。同じく各種の統計類、たとえば総務省統計局編の

『日本統計年鑑』（二〇一一年）によると、一九八〇（昭和五十五）年から二〇〇七（平成十九）年まで、日本の信者総数はともに二億人以上で大幅な変化が見られない。この数字は、乳幼児を含む全人口の約二倍に当たり、寺院や神社など複数の宗教団体から、二重、三重に信者として計上されていると考えなければ説明がつかない。国民の意識と実態とのあいだに大きなズレが存在するのは明らかだといえよう。

では実際はどうなのか。それが第三である。

日常生活のなかで、国民自身は冠婚葬祭や年中行事など各種の宗教儀礼にたいし、宗教・宗派間の差異をとくに気にすることなく基本的には同じスタンスで、かつそれらを宗教的な儀礼と意識することなく対応している。宗教儀礼の社会的な習俗化・慣習化が顕著なかたちで進行しているのである。

年中行事を例に取ると、お正月の初詣は国民的行事といってよいほど多数の国民が神社などに参拝することとなっているが、お彼岸やお盆の季節の墓参りも、これまた多くの国民にとってごく当然のこととされている。その一方で、年末ともなるとクリスマスツリーを飾り、クリスマスイヴを楽しむのも、ごく日常的な光景となっている。

人生儀礼についても同様である。七五三の神社詣から始まって、神社の神前やキリスト教会での結婚式を経て、仏式葬儀で人生を終わるというのが、多くの国民に共通して認められるところとなっている。彼らにとって、それらはいずれも社会的慣習というべきもので、宗教儀礼だという認識はほとんど見られない。

こうしたことと密接に結び合って、第四の特徴が生まれてくる。諸宗教の「平和的共存」と、それら多様な「宗教の博物館」ともいうべき状況である。多様な宗教という点では、さきの総務省の統計で二十二万もの宗教団体が登録されている（一九八〇年から二〇〇七年まで同様）、その数の多さもさることながら、「神道系」「仏教系」「キリスト教系」「諸教系」に区分された、その内容の多様さにこそむしろ重要な特徴がある。

「仏教系」を例に取ると、法相宗《ほっそう》・華厳宗《けごん》や天台宗・真言宗など日本に仏教を伝えた中国や朝鮮ではすでにほとんど消滅してしまった諸宗派から、日本で新たに生まれた浄土宗・浄土真宗や時宗・日蓮宗、あるいはこれらの旧仏教宗派に対抗して新たに生まれた天理教・金光教《こんこう》など新宗教系の諸宗派、さらには第二次大戦後に新たに誕生した多様な宗教・宗派まで、その内容はじつにバラエティーに富み、それらがともに平和的に共存し、現在も活動を続けている。

### 「融通無碍な多神教」——アニミズムが根底に

こうした特異な性格をもつ日本の宗教とはいったいなんなのか。他のアジア諸国などとの対比を念頭に置いて考えるとき、「融通無碍《ゆうずうむげ》な多神教」と捉えるのがもっとも妥当だといえよう。その意味するところは、欧米や中央・西アジアなど一部の一神教世界（ユダヤ教・キリスト教やイスラームなど）と異なり、世界において多数を占める多神教世界に属すということである。

「八百万《やおよろず》の神」の名前などで知られるように、日本には多数の神々や仏・菩薩が存在し、それらがともに信仰の対象とされている。また、時と処によって適宜使い分けられているところに特徴があり、そこに他のアジア諸国などとの大きな違いが認められる。

日本の宗教のもつこうした特徴が、いわゆる「神仏習合」と呼ばれる、異なる宗教の融合（シンクレティズム）を契機として生まれたのはあらためて指摘するまでもない。しかし、「神仏習合」という言葉そのものが中国から伝えられたことからも知られるように〔吉田一彦　一九九六〕、それだけでは日本と中国など他のアジア諸国との違いを理解することができない。では、なにがそうした違いをもたらしたのか。

もともと中国大陸や朝鮮半島、日本列島に住む人びとが抱いていた信仰の原初形態は、自然界のあらゆる事物や森羅万象のすべてを霊的な存在と認め、信仰の対象とするアニミズム（自然信仰）であったといえよう。アニミズムは、欧米やイスラームの諸国を含め、原始社会の人類すべてがともに経験したところであって、いわば人類共通の宗教基盤ともいえる。

問題は、この歴史的伝統を日本列島に住む人びとがどのようなかたちで、あるいはどのように変化させながら今日まで伝えてきたのか、それが中国・朝鮮などとはどう違うのかということにある。

## 神社と神祇信仰

ここで注目されるのが、日本にのみあって他の諸国には存在しない神社という宗教施設と、神祇信仰と呼ばれる信仰形態とである。神祇とは天神（アマツカミ）・地祇（クニツカミ）の略で、天から天降《あまくだ》った神や、もともと在地にあった神のことをいう。これらもろもろの神を祭ることが神祇信仰である。

神社や神祇信仰が日本列島においていつ、どのようなものとして成立したのか。この問題は、日本の宗教をどのような特徴をもつと理解するかともかかわって、慎重に考えてみなければならないところである。

これについては日本や世界の多くの人びとのあいだで、日本の神社や神祇信仰が太古の昔に成立し、今日まで変わることなく連綿と伝えられてきたとの理解が広まっている。

しかし、後述するように、こうした理解は明らかな事実誤認にもとづくものといわなければならない。同時に重要なのは、その成立時期や成立過程もさることながら、その後も何度かの大きな変化や変質を経験し、その結果として今日の神社や神祇信仰は存在しているのであって、けっして成立期のありかたや性質がそのままあるというわけではない。

これらのことは、物事の歴史的な推移ということからすれば、ごくあたりまえと考えられるにもかかわらず、こと日本の文化やその歴史的伝統ということになると、とたんに「基層文化論」などを始めとする、きわめて非科学的で非歴史的な考えかたに陥ってしまう。いったいなぜ、そういうことになるのか……。いくつかの問題が存在するが、とくに重要なのは以下の二点であろう。

## 未曽有のカルチャーショックと対応の独自性

第一に、日本の歴史がこうむった未曽有《みぞう》のカルチャーショックについて、その理解が必ずしも十分でないと考えられることである。

日本は、四周を海に囲まれたアジアの東端に位置するという地理的条件や自然環境などもあって、比較的独自の歴史を刻み、文化を培《つちか》ってきたという特徴をもっている。約一万年もの長きにわたる縄文文化（農耕をともなわない、人類史上も特異な新石器文化）などは、そのもっとも代表的な事例といえよう。しかし、このことは日本列島の歴史が他の諸国や諸地域からなんらの影響も受けることなく刻まれたことを意味するものではもちろんない。中国・朝鮮半島からの鉄器や文字・仏教の伝来など、その時々にさまざまな影響を受け、また多様なかたちで周辺諸国・諸地域との緊密な交流・交渉を重ねるなかで、日本列島の歴史は刻まれてきたというのが実際であった。

日本列島の歴史を、全体として眺めてみると、これまで三度にわたって諸外国からの影響を受け、決定的な歴史の飛躍と転換を経験してきたといってよい。

### (1) 中国大陸からの稲作伝来

いわゆる縄文時代から弥生時代への移り変わりである。一部でドングリ・栗などの計画的な栽培、あるいは穀物の栽培などがおこなわれていたとはいえ、中国大陸からの新しい技術と文明の伝来にともなって、基本的には狩猟・漁撈《ぎょろう》・採集の生活から稲作農耕に基軸を置く社会へと大きく転換したのであった。

### (2) 律令制の導入

中国から中央集権的な国家システムとしての律令制が導入され、日本列島における最初の本格的な国家が誕生した。今日も用いられている「日本」という国号や「天皇」という国王号は、ともにこのときに成立したものであった。

## (3) 近代国民国家および近代資本主義体制の成立

それ以前にもたとえば鎌倉後期のモンゴル襲来、十六世紀の鉄砲やキリスト教の伝来など、日本列島を揺り動かす大きな出来事はいくつもあった。しかし、国家や社会のありかたをその根底から大きく転換させたという点では十九世紀を待たねばならない。

さて、本書で論じる「未曽有のカルチャーショック」は、このうちの(2)と(3)のことをいう。その具体的な内容はあらためて後述するが、日本の宗教の特異なありかたが、こうした問題と密接に結び合っていることにもっと注意する必要がある。

第二に、そのカルチャーショックの具体的な内容、あるいはそれにたいする日本の対応のしかたへの理解が、これまた十分でないと考えられることである。

その具体的な内容についても、後ほどあらためて述べることとするが、要するにユーラシア大陸と海を隔てて位置するなどの地理的条件や、縄文時代以来、日本列島独自の歴史や文化を培ってきたなどの歴史的条件ともかかわって、日本の対応には顕著なナショナリズム的な様相が認められるのであり、そのことのもつ意味が十分に捉えきれていないと考えられるのである。

ここで指摘した二つの点は、日本の神社や神祇信仰、ひいては日本の宗教のありかたにきわめて大きな影響を与えたと考えられるもので、その意味から、日本の宗教の特異性は日本の歴史そのものの特異なありかたと表裏一体の関係にあるということができる。そうであるなら、日本の歴史の変化・発展とかかわらせながら、神社・神祇信仰や日本の宗教構造そのものがどのように変化し、今日にいたったのかを、具体的かつその総体において捉えるよう努めることが、重要な課題となるのは当然のことといえる。

そのさい、とくに注意しておく必要があるのは、歴史の変化・発展という場合、そこにさまざまな波長のものが認められることである。刻々と変化していく側面と、長期にわたって持続し、容易に変化しない側面、それら多様な波長の複雑な複合体として歴史は存在していて、その全体を歴史的な視点に立って総括することが重要だといえる。とくに民衆の日常生活にかかわる部分では、こうした長い波長のものが大きな比重を占めていて、そのことのもつ独自の意味や具体的な内容に十分な注意を払うことが重要となる。

## もともとは濁音――マーク・テーウンの指摘

ところで、日本の宗教といえば必ず問題となるのが「神道」で、これを「シントウ」と読むことは、今日では日本国内はもちろん、世界的な常識にもなっているといってよい。

そして、この「神道《シントウ》」を、仏教やキリスト教、あるいは中国の道教やインドのヒンドゥー教などと対比される、自然発生的な日本固有の民族的宗教だとする考えもまた、一個の世界的な常識として、広く受け容れられている。

日本国内では、こうした理解を踏まえて、従来からさまざまなかたちでの「日本文化論」が、同じく日本に固有の天皇や天皇制とのかかわりをも踏まえ、繰り返し提起されてきた。

しかし、こうした世界的ともいうべき常識は、はたして正しいものといえるのであろうか? 近年、ノルウェー・オスロ大学のマーク・テーウンは、こうした常識が明らかな誤りであることを明快に指摘した［マーク・テーウン　二〇〇八］。テーウンが明らかにしたのは、主に次の三つの点である。

(a)「神道」の語はもとは中国で用いられていたのが、そのまま古代日本に導入されたもので、その読みも当初は濁音の「ジンドウ」であった。
(b)その意味するところは、「仏教下の神々をさす仏教語」である。
(c)この「神道《ジンドウ》」が室町期、十四世紀ごろの日本で、清音表記による「シントウ」へと転換したのであって、それは「神」の語の集合名詞から抽象名詞への転換にともなうものであったと考えられる。

この指摘は、かねてから一部で知られてきた次の史料などからしても、基本的に正しいと評価することができる。室町時代の応永二十六年（一四一九）に、天台宗の僧良遍《りょうへん》が著した『日本書紀巻第一聞書』（神道大系・論説編『天台神道』上）の冒頭に、「一神道名字の事、神道《じんだう》と読まず神道《しんたう》と清《す》んでこれを読むこと直なる義なり、直なるとはただありのままなりといふ意なり」と見えるからである。

当時、「神道」は「ジンドウ」と濁音で読むのが一般的であったが、良遍はこれを「シントウ」と清音に改めるべきだと強調しているのである。

こうした主張を受けて、「シントウ」の読みが広く定着したことが確認できるのは、近世初頭の慶長八〜九年（一六〇三〜〇四）に刊行されたイエズス会の『邦訳 日葡《にっぽ》辞書』（土井忠生他編）で、「Xintŏ シンタゥ（神道）Camino michi.（神の道）神（Camis）と神（Camis）に関する事」と見える。

清音表記の「神道《シントウ》」が、日本の古代やそれ以前ではなく中世になって成立し、そしてそれが広く定着したのは、さらに遅れて中世末から近世初頭にかけてのことだったのである。これまでの常識が成り立ちえないことはもはや明らかであろう。

## より多角的な観点から

ただし、テーウンが問題としたのは、「神道」の読みや語義の問題で、それが重要なのはいうまでもないが、日本の「神道」とはなんなのかを明らかにするためには、さらに踏みこんで、より多角的な観点から検討を進めなければならない。とくに、日本の「神道」が神祇信仰や日本固有の宗教施設とされる神社と密接にかかわりあっているのは疑いないところであるから、そうした日本の宗教そのもののもつ歴史的な構造や特徴とのかかわりを踏まえて考察を進めることが強く求められるといえよう。今日の「神道」についての常識の最大の問題点も、じつはこの点にこそあると考えられるのである。

そこで、本書では、「神道」という語をひとつの手がかりとしながら、神社や寺院・仏教などを含む日本の宗教全体のありかたを、それ自体として、歴史的な視点に立って考えてみることとしたい。「神道」と同じく、日本の諸宗教それ自体も世界のなかにあってきわめて特異な位置を占めていて、その両者が不可分の関係にあると考えられるからである。

いまひとつあらかじめ注意しておく必要がある重要な問題は、そもそも宗教とはなんなのかという宗教一般の定義とのかかわりから見て、「神道」がそれとは微妙にニュアンスを異にする独自の性格や特徴を備えていることである。日本の「神道」の理解をめぐる混乱も、そこにひとつの大きな要因があると考えられる。それは、世俗の政治権力による宗教の装いをもった（あるいは宗教の政治的利用にもとづく）民衆統治のための政治支配思想（宗教的政治イデオロギー）という問題で、この点をも的確に視野に収めて考察を進めていくことが重要となるであろう。

# 第一章　「神社」の誕生——古代律令制国家の模索

## 1　日本の律令制と神社は双生児である

### 福山敏男の説

日本に固有の宗教施設である神社は、弥生時代やそれ以前にさかのぼる農耕儀礼のなかから自然発生的に成立したものだとする理解が、一種の社会的常識として今日も広く受け容れられている。こうした考えは、第二次世界大戦後に建築史家の福山敏男《ふくやまとしお》によって定式化され、それが「神道」の理解とともに一般に広まったものであった。

福山が指摘するのは、神社が自然信仰（アニミズム）そのものであり、その延長線上に位置するということにある。福山は、次のように指摘する［福山敏男　一九四九］。

極めて古い時代には、主として農耕の季節的な行事などに結びついて、祭の時に臨んで一定の神域に於て神霊の来臨を仰いだと思われるが、次第にその祭事が恒例化して、毎年一回とか二回とか定まったときに仮設の神殿が造られ、祭事が終わると取壊されていたものが、更に固定化して恒久的な性質を持つ神殿建設やそれに付随する種々の建物が出来るようになったらしい。

そして、これに対応して神社は、

(a)神籬《ひもろぎ》（臨時の神の座とされる榊などの常緑樹）・磐境《いわさか》（神を迎え、祭るために岩石などを用いて設けられた祭場施設）
(b)神殿のない神社
(c)仮設の神殿
(d)常設の神殿

と、それぞれ変化・発展していったという。

### 重大な問題点

こうした福山の理解は、神社とは自然発生的に成立した、定常的に祭祀・呪術のおこなわれる「場所」だとする戦前の津田左右吉《つだそうきち》の理解（『日本古典の研究』上下、一九四六・四七年）を踏まえ、同じく戦前の柳田国男《やなぎたくにお》の民俗学や大場磐雄《おおばいわお》の神道考古学などの研究成果を組みこんで再構成されたもので、「神社とは神道の神々を祀るため設けられた建物、または施設の総称をいう」とする『神道事典』（縮刷版、弘文堂、一九九九年）の理解へとつながっている。

しかし、こうした神社についての理解は、いくつかの重大な問題を抱えていると考えなければならない。

いちばん検討されなければならないのは、「神社」という呼称・用語そのものが、律令制成立過程のなかで新たに生まれたもので、それ以前にはさかのぼらないということである［西田長男　一九七八］。

神社が成立するには、もちろんそこにいたる長い歴史が存在すると考えなければならないが、しかしそれはあくまで前史であって、神社そのものとは区別する必要がある。神社とそれ以前の祭祀施設（ヤシロ・ミヤ・モリ・ホコラなどと称された）とを不用意に結びつけて理解したために、神社とはなにかがきわめて曖昧なものとなってしまった。

問題はそれだけにとどまらない。神社とそれ以前とが一連のものと捉えられることで、神社成立のもつ重大な歴史的意義や、神社の歴史的な本質そのものが理解できないものとなってしまった。福山説の抜本的な再検討が必要であることは明らかだといえよう。

## 官社としての神社

では、神社とはなんなのか。そのもっとも重要な特徴は、福山が(d)として指摘したように、常設の神殿をもつ宗教施設だということにある［三宅和朗　二〇〇一］。常時そこに神（祭神）が鎮座するものとして、これを信仰の対象として種々の祭礼や儀礼を執りおこなう。こうした恒常的な神殿をもつ宗教施設、それこそが神社にほかならないのである。

神社をこのように捉えなおしてみると、そこにはいくつかの重要な問題が含まれていることがわかる。

神社とは、信仰形態という点でそれ以前と大きく異なるもので、そこに大きな質的な変化が認められる。神社成立以前の、福山のいう(a)〜(c)では、神が聖霊であるなど、人間の目には見えないものとされ、したがって祭礼の度ごとに神を招き降ろし、榊・岩石や人などの依代《よりしろ》に憑依《ひょうい》させることが不可欠とされた。これは、原始社会以来の伝統にもとづくアニミズム（自然信仰）特有のカミ観念を前提とする信仰形態ということができる。これにたいし、神社成立後にあっては、祭神が常時本殿に鎮座するものとされ、この固定化された祭神そのものが信仰の対象とされる。これは、本尊を祭ってそれを信仰の対象とする寺院と、その形式において本質的に異なるところがない。

このことから、偶像崇拝的な信仰形態の成立、福山いうところの(c)から(d)への転換は自然史的な過程ではなく、人為的・政策的なものであったことが推測できる。実際のところ、天武十年（六八一）から始まって、律令政府は再三にわたって神社（神殿）を造営するよう命じていて、それが律令政府の国家的な政策にもとづくものであったことがわかる。その起点となった『日本書紀』の天武十年正月己丑（十九日）条には、「畿内及び諸国に詔して、天社・地社の神の宮を修理せしむ」（原漢文）と記されている。

天神・地祇の神々を祭る神の宮（神殿＝神社）を造営せよとの天武天皇の命令を伝えたもので、ここにいう「修理」は「神社」と同じく律令用語のひとつとして新しく生まれたもので、造営のことを意味している。

天皇（国家）の命にもとづいて造営された常設神殿をもつ宗教施設こそが成立期の神社の姿であり、国家（具体的には、国家の公的祭礼の執行と全国の神社・神官の統括・管理を任務とした神祇官）の保護と管理・統制の下に置かれたところから、一般にこれを官社（神祇官社）と称した。

## 正確を期せば

このように神社とは、七世紀後半の律令制の成立にともなって、中央政府の命にもとづいて全国的な規模で創出された、官社と呼ばれる常設神殿をもった新たな宗教施設なのである。

しかし、これについてはなお若干の補足が必要である。すなわち常設の神殿にも前史があるということである。文献や考古史料などによって見ると、天武十年以前にも常設の神殿の存在したことが確認できる。

ひとつは、神宮と呼ばれるもので、伊勢神宮や鹿島神宮・出雲神宮（杵《き》築《づき》大社）などがそれである。これらは、いずれも「神社」の成立に先立つ七世紀ごろに成立していて、ともにヤマト政権の手で創建された「国家的な宗教施設」という共通の特徴をもっている。神宮の成立を踏まえ、これを全国的な規模に広げたものが神社だと考えられるのである。

もうひとつは、地域社会において在地の首長層などが祭祀をおこなう目的で設けていたものである。これには多様なものが推測できるが、地方の豪族（首長層）がカミ祭りの権限（祭祀権）を握っていたことと密接に結び合っている。律令制の成立とともに、その祭祀権が基本的にはすべて国家（天皇）の手に独占されたのにともなって、その性格も大きく変化した。それが官社としての神社の成立であったと考えられるのである。

さらに補足が必要なのは、天武十年以後、中央政府がたびたび神殿の造営命令を発したにもかかわらず、容易にそれが実行されなかった、すなわち神社としての実体が容易に整わなかったという点である。これについては検討を要するいくつかの問題を含んでいるため、後ほどあらためて考えることとしたい。

## 隋・唐帝国の成立

七世紀後半の古代律令制の成立にともなって「神社」が成立したという問題は、さまざまな検討を要する問題を含んでいる。とりわけ慎重に考えてみる必要があるのは、律令制の成立とはなにか、そのことと神社の成立とがどうかかわりあっているのかということである。このうち、律令制の成立については、それが日本における最初の本格的な国家の成立であったことがとくに重要である。

日本列島における国家の形成は、稲作農耕の発展にともなう一世紀ごろの階級関係の発生を踏まえ、三世紀の邪馬台国《やまたいこく》ころから本格的にその準備が進められていった。そして、古墳時代を通じて、その動きはいっそう加速されることとなった。しかし、こうした日本列島内でのいわば自生的な国家形成の動きとは別に、中国大陸における隋《ずい》・唐《とう》世界帝国の成立が東アジア世界に決定的な影響を及ぼすこととなった。

世界四大文明のひとつとして知られる中国では、少なくとも紀元前十七世紀ころにはすでに国家（殷《いん》）が成立し、文字の発明もおこなわれた。その後、周・春秋戦国時代を経て、秦・漢の時代には中央集権的な国家体制も成立。それが、さらに三国・五胡十六国・南北朝時代を経て、隋・唐の時代にいたって中央集権的な国家体制が整備・完成された。皇帝を中心とする中央集権的な国家権力機構と、それを支える高度な体系性をもつ整備された法体系などは、二千年以上にも及ぶ長い試行錯誤を経て完成された、中央集権的な国家システムの歴史的な到達点を示すものであったと評価することができる。

### 世界システムへの対応

隋・唐に関して重要な点は、それが中国大陸における中央集権的な国家システムの完成にとどまらず、周辺諸地域をもその版図のなかに組みこんだ、世界システムとしての意味をもっていたことである。新羅《しらぎ》（朝鮮）や倭（日本）における国家の形成は、ともにそれへの対応という意味をもつものであったといえる。

さらに大事な点は、その周辺諸地域での国家形成に際し、中国で完成された律令法体系がそのまま移植される、あるいは移植できるという、完結性を備えていたことである。

日本列島では、すでに六世紀の欽明・推古朝期ころから、朝鮮（百済《くだら》）経由でこの中国の先進文明を部分的に導入することによって、国家形成の動きを加速させていた。しかし、唐世界帝国の成立と朝鮮半島における国家（新羅）の形成にともなって、これに対抗できる国家システムを構築しなければ、もはや倭の存立自体が困難という緊迫した情勢に直面することとなった。そのために、あらためて直接中国から律令法を体系的な形で導入し、一挙に国家システムが構築されることとなった。それが、天武・持統朝期の、日本列島における最初の本格的な国家としての律令制の成立であり、国号「日本」の成立であった。「倭」から「日本」への転換は、日本列島における本格的な国家の成立を示す、象徴的なできごとであったといえる。

## 古代天皇制の成立

新たに日本に成立した律令制国家は、以上のような歴史経過ともかかわって、いくつかの重要な特徴を備えることとなった。

まず指摘すべきは、新たに成立した古代律令制国家のありかたと、それまで日本列島内で進められてきた国家形成の到達点とのあいだに大きなズレがあり、そこに日本列島の歴史の大きな飛躍と断絶・転換が認められることである。

それは、中央集権的な国家権力機構の成立という点で、国家の成立後二千年以上の試行錯誤を経て当時の人類が達成した最高の到達点と、階級関係の発生からわずか六百年あまりしか経過していない日本列島の到達点との、歴史的な段階差を示すものでもあったといえる。

次に押さえるべきは、このズレを埋めるための独自の工夫がなされなければならなかったこと、それが中国などとは異なる独自の特徴をもった日本的な律令制を成立させたことである。

中国から導入された律令法を日本社会の実状に合致するよう修正する試みは、律（刑法）や令（行政法）の全般にわたっておこなわれたが、そのなかにあって最大の、そしてもっとも重要な位置を占めたのは、中国の皇帝と質的に大きく異なる天皇（この称号そのものは中国から導入された）の創出であった。この国王号「天皇」というのも律令制の成立と一体のもので、したがってこの称号が天武・持統朝期以前にさかのぼることはないが（「推古天皇」などというのも、正しくは「推古大王」であって、「天皇」とは明確に区別されなければならない）、重要なのは律令法との関係にある。

中国の皇帝が律令法にもとづいて、その頂点に位置するのにたいし、日本の天皇は律令法そのものを超越する存在として位置づけられている。日本の天皇は、法の妥当性そのものに根拠を与える究極的な権威（現人神《あらひとがみ》）としての地位を与えられ、行政権（司法を含む）のみならず、祭祀権をも統括するとともに、そのことによって伝統的な在地社会と律令法とを繫ぐ媒体としても機能することとなった［山尾幸久　一九七六］。

## 「小帝国主義」

そして、以上のことから日本の古代律令制国家のもつ、小帝国主義的な性格という特徴が導き出されてくる［石上英一　一九九六］。ここにいう「小帝国主義」とは、中国の唐世界帝国に対抗して、同じく小規模な世界帝国として、中国と肩を並べようとする国家のことである。

これは、歴史の現実とは大きくかけ離れた、まことに歪《いびつ》で観念的な虚構《フイクション》というべきものであるが、しかし日本の国家がこうしたかたちで成立したことが、その後の歴史にきわめて深刻で重大な影響を与えることになったという点で、十分な注意が必要である。

その具体的な内容として、とくに注意する必要があるのは次の三点であろう。

第一に、天皇の統治する日本国を、一個の完結した世界と見せるための装置として、差別と選別にもとづく厳しい国家的な身分秩序が整えられたことである。対内的にも対外的にも国家の頂点に位置する天皇の対極に、それぞれ賤民と夷狄《いてき》とを位置づけ、彼らを天皇の保護と統制の下にある良民・王民（官僚と一般庶民）から排除・差別しながら、しかし他方では爵位を与えるなど、種々の方法で日本のなかに取りこむ、というものである［吉村武彦　一九九六］。

第二は、日本列島内のこの差別的な構造を、その周縁部に広げたもので、天皇の統治権の及ばないところには野蛮人が住むとして、列島内にあっては蝦夷《えみし》、その外側に蕃国が存在するとした。かつて、および当時の日本にとって先進文明国であった朝鮮（新羅や渤海《ぼっかい》など）は、いずれも一方的に日本に服属すべき野蛮な国（蕃国）とされたのである。

第三は、天皇が統治する日本列島内の各地域を、「国」という行政単位によって編成したことである。これは、日本が多数の「国」によって構成され、それを天皇が自らの代理である国司を派遣することによって服属させ、統治するという、「日本国」を強大な世界帝国と見せるための、観念的な装置にほかならなかった。

## なぜ古代日本では仏教だけが……

では、以上のような特徴をもつ律令制国家の成立は、神社の成立とどのようにかかわり合っていたのか。

このことについて考えるうえで、あらかじめ注意しておく必要があるのは、中国から導入された律令法が鎮護国家の仏教と一体的な関係にあったことである。

周知のように、仏教はインドで生まれた宗教であるが、中央アジアを経て中国に伝えられるなかで、大きくそのありかたを変化させた。

シルクロードでのローマなどの文明との接触を通じて、インドにはなかった仏像や寺院が創出された。また、中国在来の宗教である儒教や道教との競合・習合関係を通じて、中国仏教ともいうべき独自の特徴をもつにいたった。さらにインド仏典の漢語への翻訳（漢訳仏典の成立）や教相判釈《きょうそうはんじゃく》（多様な経典のうち、どれがもっとも正しいかを見きわめること）を通じて、その教義内容が大乗仏教として整備され、この点でも中国仏教としての独自の内容を備えるにいたった。

中国では儒教・道教・仏教の三者がそれぞれ独自の位置を占め、相互補完的なかたちで重要な役割を担ったが、このうち体系的なかたちで日本に伝えられたのは仏教のみであった。儒教は律令法の理論的支柱をなすところから、律令国家の理念や律令官僚層の教養として重視されたが、宗教としては機能せず、むしろ政治思想（儒学）として重視された。これにたいし道教は、その呪術の手法など、多様なかたちでその一部が受け容れられ、大きな影響を与えたが、これまた体系的な宗教として機能することはなかった。

いったい、なぜ仏教のみが導入されることとなったのか。これには、いくつかの理由が考えられるが、とくに重要なのは次の点であろう。

(1)宇宙観を含むその壮大な哲学体系（現世中心主義的な儒教・道教には存在しない）が、中華思想にもとづく唐世界帝国の世界観を支えるものとして重要な位置を占め、律令法と一体的な関係をもつとされたこと
(2)仏教そのものは、すでに六世紀中ごろの欽明朝期に朝鮮（百済）経由で日本に伝え

られていて、蘇我氏の氏寺を始めとするいくつもの寺院が建立されるなど、外来宗教という点では日本にとってもっとも馴染みが深かったこと

(3)中国に対抗して、一個の自立的な小宇宙世界を構築するためにも、仏教の存在が不可欠とされたこと

ただし、このうちの(3)などは、律令制の成立期にどれだけそのことが自覚されていたかは疑問で、むしろ律令制の動揺と衰退のなかで浮上したと考えるのが妥当であろう。同じく(2)についても、仏教の教義内容そのものがどれだけ理解されていたかには疑問があり、当時「蕃神」「他神」などと称されたように、これまで見たこともない大きな霊力をもつ新しい神とする理解がむしろ一般的であったといえる［中井真孝 一九八〇］。

つまるところ、(1)こそが改めて仏教が本格的に導入された直接的な理由であったと考えられるのである。長安など恒常的な都城や官衙《かんが》（役所）の建設と一体となった寺院建築は、朱塗りの柱と瓦葺《かわらぶ》き、そして礎石をもつ、日本ではそれまで見たこともないエキゾチックな建造物だということとも相俟《あいま》って、中国先進文明を代表する、その象徴的な存在と理解されたのであった。

## 神社誕生の意味

律令法と一体のもの、そして中国先進文明を代表する象徴的な存在として寺院・仏教が本格的に導入されたことは、天皇を含む独自の特徴をもった律令制の構築をめざす「日本」にとって、それに対抗するための宗教施設の創出が不可欠、かつ緊要の課題として提起されることとなった。それが神社なのである。

そして、こうした課題に応えるため、神社は見た目において寺院と大きく異なるものとすることが意識的に追求され、白木造り・茅葺《かやぶ》きと掘立柱という、寺院建築ときわめて対照的な位置を占める景観が生まれることとなった。実際には、伝統的な建造物として知られる宮殿建築や、在地首長層（豪族）の居館・祭祀施設などが、神社建築に転用されたものと考えられる。

神社の成立には、以上のような対仏教・寺院という、いわばハコモノとしての側面と同時に、その内容にかかわる側面があった。それまで、日本列島各地の在地首長層が握っていた土地と人民にたいする支配権を否定し、彼らを天皇中心の律令制国家権力機構のなかに官僚として組みこむ、そのための方策という問題である。

先述のようにこれら在地首長層の地域支配は、祭祀権と一体となった祭政一致のかたちでおこなわれてきたところから、その祭祀権を国家（天皇）の手に独占することが、これ

神社の「代表」ともいうべき伊勢神宮の式年遷宮は、記録によれば天武天皇が定め、持統天皇の治世の690年（持統天皇4年）に第1回がおこなわれたという。原則として20年ごとに、およそ1300年にわたって続いてきたとされ（延期や中断もあり）、遷宮にあたっては内宮（皇大神宮）・外宮（豊受大神宮）のふたつの正宮の正殿、14の別宮のすべての社殿を造り替えて神座を遷す。
写真は1993年（平成5年）の第61回式年遷宮の際のもの。手前が内宮新正殿。白木造り・茅葺きと掘立柱という外観がよくわかる。

また緊要の課題として提起された。それは「天皇」の成立と表裏一体の関係にあり、そのことから神社は国家的宗教施設（寺院＝官寺に対応する官社）として成立することとなったのである。

## 2　官国幣社制と神仏習合

### 神社と古代天皇神話

前節で述べたように、特異な歴史過程を経て成立した日本に固有の宗教施設＝神社は、それにともないいくつかの特徴を備えることとなった。とくに重要な点として、以下のA〜Cが指摘できるであろう。

#### A　信仰形態の刷新

さきに神社の創建を命じた天武十年の詔を紹介したが、そこにも記されていたように、新たに創建される神社（官社）では天神・地祇の神々が祭神として祭られるものとされた。天神・地祇とは、「はじめに」でも触れたように、在来の神々を天から天降った神と、もとから在地にあった神とに区分することを意味している。それらがいずれも人格神として捉えられていることを含め、原始社会以来の名もなき素朴な自然神とは明らかに異質だといわなければならない。

Bで述べるように、のちに『古事記』『日本書紀』などとしてまとめられる古代天皇神話のなかに登場する、アマテラスやスサノヲ・オオナムチなどの神々こそ、天神・地祇の具体的な内容にほかならなかった。それは、人間が観念的に造り出した神を信仰の対象にするという点で、祭神の固定化とともに、素朴なアニミズムそのものとは、明確に歴史的な段階を異にする、新しい信仰形態であったと考えなければならない。同じくその意味で、「神祇」の語もまた「神社」とともに、律令制の成立にともなって新しく日本で成立したと考えるべきものだといえよう（したがって、「神祇信仰」というのも素朴なカミ祭りとは明確に区別する必要がある）。

### B　古代天皇神話との緊密で一体的な関係

天武天皇の命にもとづいて作成された『古事記』（完成は和銅五年〔七一二〕）と『日本書紀』（同じく養老四年〔七二〇〕）は、それまで大王家などで伝承されてきた祖先伝承や系譜などを再構成し、律令制国家の頂点に位置することとなった天皇の存在と、その支配の正当性を明らかにするために編纂されたものであった。それは、さきに指摘した律令制国家のもつ「観念的な虚構」と表裏一体の関係にあり、そうした立場から日本の国家の成立と七世紀にいたる歴史を総括したものであった。

天皇の祖先神（アマテラス）を始めとする天皇神話上の神々が、天神・地祇として神社の祭神とされたことにより、神社という宗教施設そのものが天皇神話と一体的な関係にあるものとされたのである。

### C　階層性という問題

神社が官社として成立したのにともなって、従来からあったそれ以外のもろもろの宗教施設は、いずれも非官社として明確に区別されることとなった。天平五年（七三三）に成立した『出雲国風土記』によって見ると、それは「在神祇官社」百八十四社と「不在神祇官社」二百十五社として区分されている。

のちほどあらためて述べるように、これらの非官社も間もなく広い意味での神社とされたところから、神社には官社と非官社という性格を大きく異にする階層性が、その本質的な特徴とされることとなった。

#### 祈年祭への参加

では、官社と非官社の違いはどこにあるのか。

神祇官の管轄下に置かれた国家的な宗教施設としての官社には、

(a)修理・造営費用などが国家からの公的支出によって賄われること
(b)国家や天皇の安泰を祈願すること
が、もっとも重要かつ基本的な任務とされた。
ただ、もっと重要な特徴があり、それが、
(c)宮中でおこなわれる神祇官主催の祈年祭《きねんさい》への参加
だったのである。

律令制および古代天皇制の成立にともなって、神祇官が恒例でおこなう四時祭と呼ばれる公的な祭礼が整えられた。二月の祈年祭と、六月・十二月の月次祭《つきなみのまつり》、および十一月の新嘗祭《にいなめさい》である。

このうち、祈年祭(「としごいのまつり」ともいう)は天武四年(六七五)に始まったとされ、全国の官社の神官すべてが宮中に集められ、豊穣祈願の予祝が告げられるとともに、天皇の幣帛《へいはく》(神への捧げ物)が班《わか》たれることとなった。官社の神官らは、毎年都まで出向いて幣帛を受け取るとともに、それを各神社にもち帰って祭神に捧げ、あらためて豊穣を祈願することが重要な務めとされたのである。素朴な信仰の対象とされた、伝統的なアニミズム信仰のうえに立つ非官社との違いは明白であろう。

## 「神仏習合」の歴史的起点

こうした特徴をもつ神社が成立したことをあらためて整理してみると、そこに二つの重要な歴史的意義があったと評価することができる。

ひとつは、それが日本における「神仏習合」の歴史的な出発点（起点）だということである。

一般に「神仏習合」といえば、神と仏、あるいは神社と寺院とが融合し、一体化することと理解されていて、それと神社の成立とは異なると考えられるかもしれない。しかし、中国先進文明の象徴としての寺院・仏教を前にして、それに倣《なら》うかたちで神社建築や神社・神祇信仰が成立したことからすれば、構造的には「神仏習合」と本質的に異なるところがない。神社の場合、中国文明や寺院・仏教への対抗という、対立の側面が前面に出たこともあって、もっぱらその違いが目につくが、しかしそれは日本の律令制がそうであったように、日本社会の実状に合致するよう形式を整えたと考えるべきものであって、かたちこそ違え、本質的には「神仏習合」の一変容形態にほかならない（その第一段階）と考えられる。

もうひとつは、神社という日本に固有の宗教施設が作られることによって、原始社会以来の自然信仰（アニミズム）が新しい段階に移行すると同時に、しかしいわばそのハコモノともいうべき施設を拠りどころとして伝統的な信仰がそのまま保持されるという、新たな足がかりが築かれたことである。

これら二つのことは、中国先進文明の圧倒的な影響のもとに日本の宗教が大きく変質しながら、しかしなお日本の宗教としての独自性を保持したことを示すものとして、おおいに注目されるところといえる。

## 目標・建て前と社会の実態とのズレ

さて、ここまでは律令制の成立にともなって成立した「神社」のもつ歴史的特徴やそれが担った歴史的意義について考えてきたが、しかしこうした説明にはなおいくつかの補足が必要とされる。

まずは歴史的意義の第二でも指摘した信仰内容の連続性という問題である。

これまで見てきたように、常設神殿の創出や祭神の改編と固定化、あるいは官社としての位置づけなど、律令制の成立にともなって成立した「神社」は、それ以前とは大きく異なるものであった。しかし、人びとの神々との具体的なかかわりかた、あるいはその信仰内容という点からすると、そこに明らかな連続性も認められる。祭神を祭るための常設神殿が設けられ、常時そこに神が鎮座するとされるにもかかわらず、依然として神は目に見えないものとされ、祭礼の度ごとに神楽や奏楽などによって神を招き降ろすための儀礼が必要とされたことなどは、そのもっともわかりやすい一例といえよう。

そうしたこともあって、律令政府の思惑やたびたびの命令にもかかわらず、官社としての神社の実態、とりわけ常設神殿の造営が容易に進まなかったことを指摘しておかなくてはならない。藤原氏の氏神として、あるいは春日造りの社殿形式などで知られる大和の春日大社の神殿が八世紀後半の神護景雲《じんごけいうん》二年（七六八）になってようやく創建された（「神社」として整備された）というのも、その一例である。

さきに示した『出雲国風土記』の官社のなかにも、社殿をもたない事例を多数確認することができる。したがって、日常的に神社を維持・管理する専門の神職集団が存在しないというのも、ごく一般的なことであった。また、官社神官の宮中の祈年祭への参加というのも、実際には当初から多くの困難を抱えていて、政府（神祇官）は再三にわたって祈年祭に参列するよう督促しなければならなかった。

さらに例を挙げると、天神・地祇を祭るとされた神社（官社）の祭神が、実際にはそれと無関係な、在来の神々で占められている例がきわめて多かったことである。十世紀初頭に作成された、全国の官社二千八百余社を書き上げた『延喜式《えんぎしき》』神名帳によって見ると、大きく分けて地名を神社の名とするものと、人格神を神社の名とするものとがあり、同じく人格神を祭神とする場合でも、天皇神話に直接かかわりをもつのは、そのうちのごく一部にすぎなかった［阿部武彦　一九五五］。

その結果として常設神殿が存在しないなど、本来の神社としての条件を備えていない、いわば非「神社」ともいうべき施設が多数を占めた。そのため「神社」の概念そのものがきわめて曖昧なものとなってしまった。これは、律令政府の掲げる理念や目標・建て前と社会の実態とのズレという、より本質的な問題とも密接にかかわるところで、律令政府がその当初からきわめて深刻な問題を抱えて出発したことを示すものとして、注目される。

律令政府としてはこれを放置することができず、律令制を維持・運営していくための新たな対応策を講じなければならなかった。八世紀末から九世紀以後における古代神社制度の転換は、そうした律令政府の対応を示すものでもあったといえる。

## 官国幣社制

古代神社のありかたが大きく変化した最初は、平城京から長岡京を経て平安京への遷都がおこなわれた直後の延暦《えんりやく》十七年（七九八）のことである。

それまでの官社を、官幣社と国幣社とに分け、地方の神社を神祇官ではなく各国の国司の管轄下に置くこととした。また、これにともなって、祈年祭の班幣《はんぺい》も国幣社に関しては国司からおこなわせることとした。これは、桓武朝期における律令制再建策の一環をなすもので、地方の実情をよく知る国司を動員することによって律令政府のめざす神社整備の政策を推進しようとしたものであった。

この政策はそれなりの成功を収め、これ以後官社（官国幣社）の整備はおおいに進み、常設神殿をもつ神社が一般的となっていった。天皇神話上の神々（天神・地祇）を祭神として祭るという点では、なお多くの問題を抱えながら（後述するように、それが全体として整えられるのは、はるかに時代の降った明治維新期の「神仏分離」を待たなければならなかった）、固定化された祭神を祭るための常設神殿をもち、国家（神祇官・国司）から班幣を受けることによって、公的な性格をもつ宗教施設として機能するという点で、律令政府のめざした神社政策が曲がりなりにも実現されたと評価できる。

また、これにともなって、古代の神社制度もより整備されたかたちで整えられることとなった。天皇家の祖先神（皇祖神）とされるアマテラスを祭る伊勢神宮を別格とし、その下に全国の神社を官幣社と国幣社、さらにそのそれぞれを大社と小社とに区分することによって、伊勢神宮を頂点とするピラミッド形で構成された中央集権的な神社制度が成立することとなったのである。

ただし、神祇官から国司への権限移譲にもとづく、こうしたかたちでの政策の実現が、律令政府にとっては思いもかけない結果を招くことにもなった。律令体制そのものの変質という問題である。その具体的な内容については、のちほどあらためて考えることとし、その前にいくつかの点に触れておかなければならない。

## 「私度僧」の出現

律令制の成立にともなって、寺院と神社、仏教と神祇信仰がともに肩を並べて律令国家の宗教機能を担うかたちが整えられた。このうち、神社と神祇信仰については、これまでその概要を述べてきたところであるが、寺院・仏教についても、それが国家の保護と管理・統制の下にある、鎮護国家のためのものであったことに注意しておく必要がある。

そこでは、寺院のみならず、僧侶もまた国家の直接的な管理と統制の下に置かれ、政府から任命された僧綱《そうごう》が仏教界を統括するとともに、剃髪・出家して僧侶となること（得度《とくど》）自体にも国家の承認が必要とされた。彼らは国家からその身分と生活を保障される（税負担を免除されるなど）一方、もっぱら鎮護国家のために務めることを義務づけられ、宗教者としての活動に大きな制約が加えられた（中国での宗教統制の方式にならったもの）。

しかし、律令制の成立と展開にともなう社会構造の変化のなかで、大きな変化が生まれることとなった。種々の名目の租税や兵役など、律令法にもとづく全国一律の支配がおこなわれるようになったのにともなって、その苛酷な負担に耐えきれず没落する民衆が多数にのぼったからである。これらの人びとは、彼らを支えてきた共同体の神々からも見放されることとなったから、その精神的な苦痛と不安にはきわめて深刻なものがあった。

こうした民衆の苦しむ姿を前にして、個々人の精神的な救済を本来の宗教的な使命とする仏教の修行者のなかには、直接民衆に救済の手をさしのべようとする人びとが登場することとなった。当時、これらの仏教者は「私度僧《しどそう》」と呼ばれ、律令政府は当初から厳罰を以てそうした動きを規制・排除しようとした。しかし、律令制支配そのものが抱える本質的な矛盾ともかかわって、それは押しとどめがたい動きとなっていった。

僧行基《ぎょうき》をはじめとする多数の仏教者（私度僧）が次々と登場し、民間での活発な布教活動を展開したことから、奈良時代以後、仏教は急速に日本社会のなかに広まり、浸透していった。

### 「神仏習合」の新たな展開

こうした状況で注目すべきなのは次の三点である。

第一に、律令国家を飾るための儀礼の装置という範疇《はんちゅう》を超えて、仏教の教義内容や思想そのものが日本社会や一般民衆のあいだに広まっていく、その最初の契機がここに与えられた。

第二に、伝統的なカミ祭りとしての神祇信仰と仏教との、信仰内容における本格的な融合が始まったことである。これが、従来から指摘されてきた八世紀以後のいわゆる「神仏習合」といわれるもので、正確にはその第二段階と考えるのが妥当だといえよう。

第三に、それは信仰形態という点でも、新たな変化をもたらした。鎮護国家などの世俗にまみれた仏教ではない、本来の仏教の修行のために、寺院や世俗社会から遠く離れた深山などに入って修行に励む山林修行者が多数登場し、のちに修験道《しゆげんどう》と呼ばれる新しい信仰形態も成立した。奈良時代に活躍した役小角《えんのおづぬ》がその始祖とされる。そして、これらの深山は、もともと神の住む神聖な場と考えられたところから、ここでも神と仏との新たな融合が大きく進むこととなった。

こうした「神仏習合」の新たな展開は、神社のありかたにも新たな変化をもたらすこととなった。「神宮寺《じんぐうじ》」と呼ばれる、神社に付設された寺院が登場するとともに、その仏教や私度僧などとの関係から、非官社でありながら、大きな霊力と宗教勢力を誇る神社が登場してきたのである。宇佐宮から勧請《かんじよう》された石清水《いわしみず》八幡宮や陸奥国の塩竈《しおがま》神社などがそれである。

律令政府では、これら新興の神社を含め、有力な神社に「名神《みようじん》」の称号を与え、官国幣社制と合わせて全国の神社をあらためて掌握・統制しようとした。しかしそれもうまくいかず、九世紀には神社神階制に移行し、それが以後における神社制度の基本とされた。

神社神階制とは、官社・非官社の別なく、各神社の祭神にその霊威・霊力に応じて位階を与え、非官社をも官社のなかに組みこむというもので（皇祖神を祭る伊勢神宮など一部の神社には位階なし）、これによって律令政府はあらためて全国の主要な神社を一元的なかたちで掌握することができるようになった。しかし、同時にそれは、一部の上層神社のみを対象とする神社制度への転換を促すことになったという点で、古代神社制度に大きな変化をもたらすことにもなったのである。

## 天皇直轄祭祀の成立

さて、古代神社のありかたが大きく変化したもっとも重要な問題として、九世紀における天皇直轄祭祀の成立がある〔岡田荘司　一九九四〕。これは、従来神祇官が中心となって進めてきた祭礼（班幣）に代わって、天皇の内廷官僚が直接天皇の命を受けて神社に奉幣（神社祭神に幣帛を捧げること）をおこなうというもので、この祭礼形態の変化にはいくつかの注目すべき重要な問題が含まれていた。

まずは天皇と神々とのかかわりかたの変化という問題である。

さきにも述べたように、律令制成立期の天皇は天神のもっとも中核に位置するアマテラス直系の子孫（現人神）として、律令法はもちろん、いっさいの世俗権力を超越した絶対的な存在（神）と位置づけられていた。それは、天命にもとづき、しかし律令法に支えられることによって諸権力・権威を超越する世俗的な存在とされた中国（そこでは、仏教なども世俗権力に奉仕すべきものとされた）の皇帝とは明確に異なるものであった。神祇官を通じて、神々に班幣をおこなうというのも、そうした天皇の超越性・絶対性を前提とする儀礼にほかならなかった。

ところが、律令制支配がさまざまな矛盾を抱えて行き詰まるなか、当初掲げた天皇制の理念も大きな変質を余儀なくされ、神仏の加護によって世俗的な政治支配の安定を図るという方向へと移行していかざるをえなかった。聖武天皇が東大寺大仏の建立に際し、みずからを「三宝《さんぼう》の奴《やっこ》（仏教に仕える身分の卑しいもの）」（『続日本紀』天平勝宝元年四月条）と称したのは、これを象徴する出来事であった。天皇直轄祭祀の成立というのは、それが神社や神々との関係にもあらわれたことを意味しており、班幣から奉幣、あるいは神社への天皇みずからの参詣という祭祀形態の変化となってあらわれたのであった。

次に特定の有力神社のみが国家的な崇敬の対象とされるにいたったという問題がある。天皇直轄祭祀の成立とは、山城《やましろ》賀茂社や石清水八幡宮など、天皇家と密接なかかわりをもつ畿内とその周辺部の特定有力神社の祭礼を「公祭」として、それを天皇が主催する国家的な祭礼と位置づけることを意味していた。こうした祭祀形態は、十世紀には十六社制(伊勢神宮を含む十六の有力神社に定例的に奉幣をおこなう)という新しい神社制度として整えられることとなった。また、これと並行して、九世紀には天皇の即位に際し、これら畿内地域の有力神社と列島各地の有力神社とを合わせた五十社に、天皇となった挨拶としての奉幣をおこなうという、一代一度大神宝使発遣の儀礼も整えられた。

これらのことは、要するに全国の神社を中央集権的なかたちで一元的に掌握し、管理・統制するというものから、もっぱら霊験の高い特定有力神社の加護を得ることによって国家支配の安定を図るというものへと、大きく方向転換したことを意味する。

## 古代律令制そのものの転換

ここで押さえておくべきは、こうした祭礼構造や神社制度の変容が、じつは古代律令制そのものの転換と密接に結びついていたことである。

神祇官ではなく、天皇が主体となった天皇直轄祭祀の成立は、別の観点から見ると、天皇を中心とする律令制の再編成を意味していた。それまで律令法を超越する神的な存在とされたのを改め、中国の皇帝と同じく世俗政治権力の頂点に天皇を位置づけなおし、国家権力の構造もそれに見合ったかたちに整えることによって、律令制支配の再構築がめざされることとなったのである。

天皇の家政機関である令外官《りょうげのかん》（本来の律令に規定のない官職）の蔵人所を設けて天皇の政治への関与を機構的に整備するとともに、やがてその長官（蔵人頭《くろうどのかみ》）が摂政・関白となって政治権力の実権を握るという摂関政治へと移行していくこととなるのは、その歴史的な帰結であった。そして注目されるのは、こうした律令制再建策が、さきに延暦年間の官国幣社制の成立で指摘したように、実際には地方政治を各国国司に委任する方向で進められたということである。

九世紀中ごろから現れてくる「国例」などというのは、そのもっともわかりやすい一例といえる。各国ごとの実状に応じて律令法の規定を大胆に修正し、各国独自の法としてその執行を国司に委ねる。これは、中央政府（太政官）の権限の一部を各国国司に割譲し委任する、地方分権的なありかたというべきもので、しかしこれによって律令制支配がより深く在地社会に浸透する（律令制の貫徹）側面もあったことに留意する必要がある。

ここまでのことを大雑把に整理すれば、七、八世紀から九世紀にいたる律令制成立期は、部分的な修正を加えながらも、基本的には中国から導入された律令法に日本社会を合わせることによって中央集権的な国家体制を構築・維持しようとしたのにたいし、それが困難となった九世紀後半から十、十一世紀は、それとは逆に日本社会の実状に合わせて律令法そのものを改編し、それによって律令制支配を維持しようと努めた時期と区分することができる。前者を前期律令制、後者を後期律令制と呼んで区別するのが妥当だといえよう。

天皇直轄祭祀の成立と国司による地方政治の請負は、この後期律令制を特徴づける、もっとも重要な問題のひとつであったと考えられるのである。

## 3 日本古代の宗教

### 天台宗と真言宗

前期から後期への律令制支配の転換にともなって、以上に見た神社や神祇信仰のみならず、日本の宗教構造そのものもまた大きく変化することとなった。

すでに述べたように奈良時代の八世紀以後、仏教が個々人の精神的な救済という宗教としての本来の姿で、一般庶民を含め日本社会のなかに広く浸透してその影響力を拡大した。また律令国家にあっても、聖武天皇による大仏の建立や国分寺創建などに示されるように、動揺を深めた律令制支配を維持・再建するために、従来にも増して仏教への期待が大きな高まりを見せる。

こうした状況の変化のなかで、それらすべての期待に応えられる新しい仏教のありかたが強く求められることとなった。それは、上は天皇から下は一般庶民にいたる、すべての人の精神的な救済を基本としながら、同時に国家・社会そのものの安穏をも達成することのできる、統一的で一貫した理論をもつ、新しいタイプの仏教が求められたということにほかならない。

こうした時代の要請に応えるかたちで登場したのが、最澄《さいちょう》と空海《くうかい》によって伝えられた天台宗と真言宗であった。彼らは、延暦二十三年（八〇四）、同次の遣唐使船に乗って中国（唐）を訪れ、当時の中国で最先端の仏教として隆盛をきわめていた二つの宗派を、それを支える多数の仏典や書籍・法具などとともに日本にもちかえり、それぞれ比叡山と高野山（のちに東寺）に拠点を定めて布教していくこととなった。

## 顕密仏教の成立

ところで、平安仏教として知られる天台宗と真言宗の成立は、従来からあった南都六宗と呼ばれる六つの宗派（三論・成実《じょうじつ》・法相《ほっそう》・倶舎《くしゃ》・華厳・律）と異なる新しい宗派の登場ということにとどまらず、日本仏教そのもののありかたを大きく転換させる重要な意味を担っていた。

それは顕教と密教との区別と統一という問題である。

顕教とは、経典などの目に見えるかたちで示された釈迦の教えを、経典の学習や討論などを通じて学問的に修得することで、南都六宗はいずれもこれに属した。これにたいし密教とは、目には見えない釈迦の教えの真理を、修行や瞑想などを通じて直感的に会得することをいう。

天台・真言の両宗はそれ自体が一個の顕教であると同時に、密教を合わせ行ずることが不可欠のものとされた。そしてその密教の部分は、真言宗の東密（東寺を本山とする密教）にたいし、天台宗のそれを台密と称した。この顕教・密教が一体となった仏教のありかたこそそのあるべき姿とされたところから、これを顕密仏教と呼んでいる。僧侶たちは、八宗兼学といって、南都六宗と天台・真言各宗派の経典を合わせ学ぶと同時に、密教の修行に励むことが不可欠の重要な課題とされるようになったのである［黒田俊雄　一九九四ａ］。

こうした顕密仏教の成立と密教の発展は、それを実現するための加持祈禱《かじきとう》など、神秘主義的で呪術的な手法やその世界観などともかかわって、日本の宗教全体に巨大な影響を与えることとなった。

## 修験道と陰陽道

奈良時代以後、深山に交わって仏教の修行に励む修行僧たちがいたことはさきにも指摘したところであるが、平安時代に密教が盛んとなるのにともなって、その規模や人数も飛躍的に拡大し、そうしたなかでもっぱら山岳に登って修行を積み、そこで得た呪力によって加持祈禱をおこなうなど、専門的に呪術的な宗教活動をおこなう人びとがあらわれた。彼らは山伏・修験者と呼ばれ、その宗教活動は修験道と称された。

十世紀に活躍した聖宝《しょうぼう》が役小角に続く中興の祖といわれ、大和の吉野・金峰山《きんぷせん》や紀伊の熊野・大峰山、東北の出羽三山、四国の石槌山、九州の英彦山《ひこさん》など、全国的な規模で修験の道場が開かれるとともに、各地の道場をめぐって修行をおこなう回峰行《かいほうぎょう》も盛んとなった。

一方、都市京都の発展にともなって、また呪術的な宗教儀礼が広まるなかで、十世紀には貴族社会を中心として、陰陽道《おんみょうどう》と呼ばれる新しい宗教活動も盛んとなった。これは、中国古代の陰陽五行思想にもとづいて、災異や人間界の吉凶を説明し、易占などをおこなうもので、これに祓《はらえ》（人の犯した罪や穢《けが》れをはらい除く儀式）や祭祀などを含めることによって日本で独自に体系化され、成立した。

陰陽五行思想そのものは、すでに六世紀ころ百済経由で日本に伝えられていて、律令制の成立にともなって、陰陽道の担い手となる陰陽寮という機構や官職も設置された。それが、平安時代に天文・暦などを含む学問体系として整えられるとともに、新たな禁忌《きんき》やさまざまな陰陽道祭祀を組みこむことによって、一個の体系性をもつものへと発展し、陰陽道と呼ばれるにいたったのである。

陰陽道が成立する背景には、後期律令制の成立にともなう律令貴族層の意識構造の大きな変化という問題もあった。

前期律令制と違って、直接地域民衆と向き合い、緊張感をもって種々の政策を実行するという、そうした直接的な政治的権限の主要部分が各国国司に委ねられたことにより、中央の貴族層たちは現実的な政治活動から大きく遊離・後退し、政治そのものの観念的な儀礼化が顕著なかたちで進むこととなった。

これは、見かたを変えれば、彼ら自身の手では未来を切り開くことができないことを意味している。中央の貴族は律令制の衰退にともなって、未来への展望をもちえないまま、消極的で観念的・保身的な世界のなかに逃避する傾向を強めることとなった。方違《かたたが》え（忌むべき方向を避けるため、いったん居を移すこと）を始めとする、さまざまな禁忌や穢れから逃れるための方策が真剣に模索されたのは、そのひとつのあらわれであった。

## 二つの理解

さて、ここまで見てきた、前期律令制から後期律令制への移行にともなう日本古代の宗教構造の変化は、これを全体としてどのように評価すればよいであろうか。また、そもそも日本古代の宗教とは、いったいなんだったと考えればよいのであろうか。

これについては、すでに二つのかたちでその回答が示されている。

ひとつは、十〜十一世紀の摂関政治の時代に、仏教や神祇信仰・陰陽道などを「時と処に応じて適宜使い分ける」日本独自の宗教構造が成立した、というものである［三橋正二〇〇〇］。

もうひとつは、「古代の宗教はそれ自体が一個の全体である。神事や仏事・陰陽は相互に融解し、古代宗教に転生する。したがって、古代の宗教を個別に分解するのは、実際には不可能である。神事や仏事・陰陽は、それぞれの要素の濃厚な「諸部分」である」というものである［西山良平　二〇〇四］。

前者の考えの特徴は、日本古来の宗教である神道（神祇信仰）や外来宗教である仏教、あるいは平安時代に新しく日本で成立した陰陽道や修験道など、異なる宗教間の結合と連携の問題として、これを理解しようとしているところにある。一方、後者は神祇信仰や仏教などを異なる宗教として捉えることを誤りとし、それら全体が寄り合って一個の宗教をかたちづくっている、それこそが日本古代宗教の特徴だとするところにある。

この二つの考えかたは、それぞれに重要な問題提起であると同時に、いずれも事の一面を捉えるにとどまっていて、ともに不十分だといわざるをえない。前者でいう、「時と処に応じて適宜使い分ける」という宗教構造が十〜十一世紀に成立したのはそのとおりであるが、しかし後者で指摘されるように、それを異なる宗教間の問題として理解するのは正しくないと考えられるからである。

## 異なる儀礼体系の複合的集合体

修験道や陰陽道を例に取れば、問題は明らかであろう。

修験道の場合、その中興の祖とされる聖宝は、京都の醍醐寺《だいごじ》を開き、東大寺の東南院を建立した真言宗の僧侶で、東密小野流の開祖といわれる。東寺の長者や東大寺の別当をも歴任した人物としても知られている。その聖宝が吉野・金峰山の山岳信仰を再興したことから「修験道中興の祖」と称されるわけだが、だからといって修験道が仏教と対比されるような一個の体系性をもつ独立した宗教であったとは認めがたい。陰陽道についても同様である。

これらは、それぞれ独自の特徴をもった「儀礼の体系」と捉えるのが妥当だといえよう。それは神祇信仰にもいえることで、原始社会以来の伝統のうえに立った独自の祭祀・儀礼体系として存在し、そうしたものとして機能した。

日本古代の宗教構造は、律令制成立期における神社・神祇信仰の形成以来、基本的に変わらなかったのであって、仏教儀礼に対抗するかたちで成立した、日本独自の特徴をもった新たな祭祀・儀礼の体系、それが神祇信仰にほかならなかったといえる。それが、後期律令制への移行にともなう修験道や陰陽道などの多様な信仰形態（独自の特徴をもった新たな儀礼体系）の成立に対応して、前者でいう「時と処に応じて適宜使い分ける」宗教構造もまた成立したのであった。後者の指摘するところは、このように理解してはじめて正鵠《せいこく》を射たものになるといえるであろう。

これを一言でいえば、「異なる儀礼体系の複合的集合体」であり、しかもそこに相互の緊密な連関性は認められない。それが日本の古代宗教の特徴であり、現在も日本宗教の特徴とされる「融通無碍な多神教」の原基形態がここに成立したと考えることができるのである。

当然のことながら、そこでは仏教もまたその高邁《こうまい》な教義内容はさておき、もっぱら神祇信仰や陰陽道・修験道などと異なる一個の儀礼体系（仏法・仏道）として理解され、それらと合わせて信仰されたのであった。

## 固有の概念としては未成立

以上に述べてきたことを踏まえて、あらためて考えてみる必要があるのは、「神道」とはなにかという問題である。

これについて、今日、「神道《シントウ》は自然発生的に生まれた日本固有の民族的宗教」とする理解が、一種の社会的通念とされているのは本書の最初に指摘したとおりである。しかし、こうした理解は、神社の場合と同じく、事実の問題としても明らかに誤っていると考えなければならない。

そもそも「神道」の語自体がもとは中国で用いられ、それが古代日本に導入されたものである。しかも当時それは「シンドウ」と呼ばれたと推定され（のちに「ジンドウ」が一般的となった）、少なくとも「シントウ」ではなかった。「シントウ」の読みが広く定着するのは、「はじめに」でも述べたように、はるかに時代の降った中世末期以後のことであった。

また、先述した日本古代の宗教の実態に即してみても、神祇信仰が仏教などと対比される、一個の自立した宗教であったとは考えられない。神社制度などの形式的な側面はともかく、信仰の具体的な内容からすれば、修験道や陰陽道などと並ぶ祭祀・儀礼体系のひとつ（神祇道）として、仏教儀礼（仏道）などとともに、日本古代宗教の一角を構成するにとどまったと考えられるのである。

そしてなにより、日本古代の史料上にあらわれる「神道」の用語例に即してみても、それが一個の独立した宗教であったことを示す、確かな証拠が見出せないのである。もともと日本古代の史料上にあらわれる「神道」の用語例は、その数そのものがごくわずかで、頻繁にそれがあらわれてくる中世以後とは明らかな違いが認められる。そして、「仏法」と区別されるという意味で、「伝統的な在来の信仰」というニュアンスを含んではいるものの、それ以上の積極的な意味をもたないところに特徴がある。これらの点を踏まえ、その具体的な内容を見てみると、「神の権威・力・はたらきや神そのもの」という、きわめて漠然としたものであったというのが実際のところである［黒田俊雄　一九九五］。

このように、古代において、「神道」の語は「シントウ」の読みはもちろんのこと、その具体的な内容においても、まだ日本独自のものをもっておらず、「日本固有の」という意味合いをもつようになるのは中世以後のことと考えなければならない。「神道」の言葉はあっても、その内容が明確なかたちで定まっておらず、きわめて漠然としたものであった。「日本に固有の概念としては未成立」というのが、日本古代の「神道」であった。

### 道教との違い

この問題は、同じく伝統的な在来の信仰・宗教とされる中国の道教と比較すれば、その違いおよび事の本質はいっそう明確となる。

中国において、自然発生的に成立したとされる道教的信仰が、外来宗教である仏教に対抗して一個の教団的な組織を整えたのは二世紀中ごろの太平道と、それよりやや遅れて成立した五斗米道《ごとべいどう》だとされる。しかし、これらはいずれも単なる治病と呪術を中心とするもので（日本の神祇道と同じく儀礼の体系というべきもの）、いまだ独自の体系性をもつものではなかった。

それが、四世紀に大成された神仙思想を取り入れ、また仏教の形式にならって北魏時代の五世紀初頭に体系化されて、ようやく儒教・仏教などと肩を並べうる、一個の自立した宗教としての道教が成立したのであった［福井文雅　一九九八］。その組織形態や教義内容は、多くを儒教や仏教、とくに仏教から借用しながら、しかし陰陽五行説や神仙思想など独自の理論にもとづいてそれをアレンジし、一個の体系性をもつものへと発展を遂げ、成立したものだったのである。

それに較べると、日本の神祇信仰の場合、神社という組織や形式が整えられ、またこれに対応するかたちで儀礼の体系化が進められたとはいうものの、その全体を統括する独自の理論にもとづく教義内容を含めた体系化はなされなかった。「神道」の具体的な内容が、「神の権威・力・はたらきや神そのもの」という、まことに漠然としたものにとどまったところに、それは明確に示されている。

「神道」が仏教などと対比される「日本固有の民族的宗教」だという理解は、少なくとも古代に関しては成立しうるはずもないのである。

# 第二章　「隔離」にもとづく「習合」——「神道」の成立

## 1　顕密体制と神国思想

### 中世社会の基本構造

日本における古代から中世への転換は、十一世紀末から十二世紀初頭の院政期に起こった。そして、その歴史過程は、古代国家の成立の場合と異なって、見た目での顕著な歴史の連続性を保ちながら、しかし実際にはその構造や内容が大きく異なるという、巨大な転換をともなうものであった。

連続性という面では、国家の頂点に国王としての天皇が位置することを含め、律令制以来の中央集権的な国家権力機構が存在し、中間支配機関として各国単位の行政支配機構(国衙《こくが》、のちには守護所も)が機能しているなどの点を指摘することができる。

これにたいし、不連続ないし転換という面では、支配層のなかに、かつての公家(貴族)に加えて、新たに武家・寺社が登場し、これら三者が国家権力の機能を分有しながら、相互補完的なかたちで国家を作動させるしくみを作り上げたことが指摘できる。

また、日本を取りまく東アジア世界の国際環境も大きく変化した。唐世界帝国が十世紀初頭に崩壊し、日本はその政治的外圧から解放されるとともに、これを機に室町時代の一時期（勘合《かんごう》貿易の時代）を除いて、中国王朝との公式の国家間交渉が基本的に途絶え、もっぱら民間の商人や僧侶たちが交易・交流の主たる担い手として活躍することとなった。

中世への移行は、同時に日本における封建制社会（近世社会にたいする前期封建制）の成立をも意味していた。

古代の班田農民に代わって、不安定ながらも基本的には自立した小経営（家族労働力による小規模経営）の担い手である百姓たち（農民・漁民や商手工業者）が社会的生産の基本を担うようになる。彼らを私的な大土地所有者である荘園領主や在地領主（さきに述べた公家・武家・寺社によって構成される）が支配した。大土地所有が中央政府の承認で成立した荘園と、地方支配機関の承認によって成立した国衙領（公領）とで構成されていたところから、これを荘園・公領制社会とも呼んでいる。

### 権門体制国家

このうち、荘園の領有を承認されたのは、中央国家権力の作動に直接関与する地位にある、京都や鎌倉などの都に住む上級の領主層にかぎられていた。本来、国家が負担すべき財政的保障をそれによって賄うという意味が込められていたからである。

荘園領主は、それぞれの家政機関を通じて、また下層の在地領主層と連携しながら、荘園制支配によって財政基盤を確保するとともに、その財力を背景として国政の一翼を担い、そうした政治的・社会的勢力をもつことによって、荘園領主としての地位もまた安定することとなった。

こうした大きな政治的・経済的・社会的勢力をもって国政に関与する荘園領主層のことを、当時は権門勢家と呼んだところから、古代の律令制国家や近世の幕藩制国家と区別して、権門体制国家と呼んでいる［黒田俊雄　一九九四b］。その基本構造は、天皇家や摂関家を始めとする公家が国家の運営に必要な政治・学問・文化などの分野を、同じく将軍家以下の武家が軍事・警察・対外関係（外交）などの治安維持機能を、そして比叡山延暦寺や東寺・石清水八幡宮ほかの寺社が宗教的機能をそれぞれ担い、その全体を形式的に天皇が統括し、代表するというものであった。

中世の天皇は、国家権力機構の頂点に位置する国王であるとはいえ、実際の政治的機能が基本的にはすべて諸権門（天皇家もそのひとつである）によって担われていた。だから、封建領主層全体にとっての象徴的存在という意味で、これを封建的象徴天皇制と考えることもできる。

## 多元的かつ分散的、そして中央集権的

中央の国家権力機構が、公家・武家・寺社など諸権門の相互補完関係によって作動するというのはまことに不安定で、統一性に欠ける構造のように思われる。しかし、それで支配は事足りたのである。いったいなぜか？　ここに日本の中世国家の、もうひとつの重要な特徴があった。

それは強固な自立性をもつ各国単位の地域支配権力が、より直接的に機能していたからにほかならない。これは、後期律令制を特徴づけた各国国司による地方政治の請負が、さらに整備・体系化されることによって生まれたもので、地域民衆支配の具体的な担い手は、受領・目代《もくだい》・国衙在庁官人や守護・守護代、国鎮守としての諸国一宮などであった。

国家権力の中間支配機関である各国単位の支配機構（国衙や守護所など）の自立性は顕著だった。地域支配権力と中央国家権力とのあいだには、つねに矛盾と緊張をはらんだ相互補完関係が存在した。と同時に、これらの地域支配権力も国家権力の中間支配機関という位置づけを離れては十分に機能することができなかった。いわば「持ちつ持たれつ」の関係である。これらのことから、日本の中世国家は「多元的で分散的な中央集権国家」と捉えることができよう。

やがて日本の中世国家は、民衆の歴史的な成長や荘園・公領制社会の抱える矛盾が激し

さを増すなかで、それらの問題と直接向き合っている地域支配権力自体の公権力化と、中央国家権力からのいっそうの自立化を促す。それが戦国の争乱であり、その過程で日本列島の各地に多数の自立的な「国家」(戦国大名の支配領国)が併存するとまで主張されるにいたった。

信長・秀吉による天下統一とは、それらをあらためて一個の中央集権的な統一国家に再編成することにほかならなかった。中世の権門体制国家から、近世の幕藩制国家への転換は、このようにしておこなわれたのであった。

## 「王法仏法相依」

古代から中世への移行過程のなかで、宗教そのもののありかたも大きく変化した。もっとも大きな変化は、律令制支配の衰退にともなって、寺院・神社にたいする国家の保護や公的な保障が大きく後退、ないし喪失し、厳しい財政状況に直面せざるをえなかったことである。公家にたいしては、十世紀以後、荘園領有の国家的公認がおこなわれるようになり(やや遅れて武家も)、十一世紀から十二世紀にかけて中世的な荘園・公領制も成立していった。しかし、寺院や神社がそうした公的・国家的な保障を得るには、別途それにふさわしい独自の理論構築をおこなう必要があった。

こうした課題に応えたのが顕密仏教であり、そこで提起されたのが「王法仏法相依」論であった。その主な内容は——天皇によって代表される世俗的な政治権力は、宗教（仏教）やそれが提示する理念に支えられて初めて安定する。逆に、宗教（仏教）も世俗権力の保障を得てはじめて十分な機能を発揮することができる。両者は「車の両輪」「鳥の二翼」のように、そのいずれが欠けても成り立たない、というものである。

これは、律令制の成立期以来の国家と宗教との密接なかかわりを、宗教（仏教）の側から理論的に整理・体系化したもので、これによって国家と宗教との関係は新たな安定を見ることとなった。そして、中央の有力寺社はこの論理にもとづいて多数の荘園を獲得し、寺社権門として国家の宗教的機能（天皇や国家の安泰を祈願するための国家的祈禱を始めとする種々の公的儀礼）を担うこととなった。

また、こうした国家と宗教（仏教）との緊密な関係を踏まえ、公家・武家の両権門から多数の子弟が顕密寺院に入って寺社権門の中核を担い、権門体制をその内側から支えることとなった。門跡《もんぜき》と呼ばれる、天皇家や摂関家から入って仏法の系統を継ぐ寺院が登場したのもこの時期であった。鎌倉初期の摂政・関白を務めた九条兼実《くじようかねざね》の弟慈円《じえん》が、四回にわたって比叡山延暦寺の天台座主を務め、ともに手を携えて権門体制国家の安定に努めたのは、そのもっとも典型的な事例といえる。

## 顕密体制の三つの特徴

こうした、国家権力と癒着・一体化した中世社会に特有の宗教のありかたを、その理論的支柱（顕密仏教）との関係から顕密体制と呼んでいる［黒田俊雄　一九九四a］。そこには、次のようないくつかの重要な特徴が存在した。

第一は、世俗的性格という問題である。

中央の大寺社のみならず、地方の有力寺社もそれぞれ中世的な所領をもち、封建領主として機能するのが中世寺社の一般的な姿だった。また、有力寺社は多数の僧兵（学侶《がくろ》や行人《ぎょうにん》と呼ばれる寺僧が武装したもの）や神人《じにん》などを抱え、その武力を背景としながら、公家・武家勢力と対抗しつつ独自の所領支配をおこなっており、公家・武家などの世俗的な政治的・社会的勢力と本質的に異なるところがなかった。さらに、とくに中央の大寺社の場合、宗教的な関係を通じて末寺・末社を組織するなど、全国的なネットワークを張りめぐらすことによって、きわめて強力な社会的基盤を構築していたのである。中世の寺社を、公家・武家と区別して寺社勢力と呼ぶのは、こうした実態を踏まえてのことである。

第二は、神社との関係についてである。

さきに指摘した「王法仏法相依」論は、顕密寺院の立場から論理構築したものであったが、じつはこれが神社にもきわめて重要な意味をもっていた。それは、こうした理論構築が神と仏、神社と寺院との一体的な関係を論じた「本地《ほんち》垂迹《すいじゃく》説」の成立と表裏一体の関係にあったからである。

本地垂迹説とは、日本固有の信仰・宗教施設とされる神祇信仰や神社が、じつは仏教の日本におけるその具体的なあらわれ（顕現）にほかならない、すなわち神社の祭神は人間の手の届かない彼岸（あの世）の世界に住む絶対的な存在としての仏が姿を変えて此岸（この世）にあらわれたもので、その本体（本地）は仏だというものである。

本地垂迹説そのもの（現実に存在するものはすべて仏の仮の姿だとする考え）は中国で生まれ、すでに古代には日本にも伝えられていたが、十一世紀になって、右に述べたような形で具体化・理論体系化され、各神社の祭神にそれぞれ本地仏が設定されることとなったのである（これを、日本における「神仏習合」の第三段階、その完成形態と理解することができよう）。

そして、ここから第三の特徴が生まれることとなる。それが「融通無碍な多神教」といわれる「日本に固有の宗教」の成立である。

第一章でも述べたように、古代日本の宗教は仏教や神祇信仰・修験道・陰陽道など「異なる儀礼体系の複合的集合体」として存在し、人びとは時と処に応じて適宜使い分けながら、それらをともに信仰していた。しかし、それらは統一されず、いわば多様な信仰の寄せ集めというのがその実態であった。

ところが、本地垂迹説によって神と仏の本質は同じであって、そのあらわれかたが違うのだと説明・理解されたことにより、この顕密仏教思想を基軸に据えてすべての信仰形態が統一され、またそのことによって神祇信仰（神祇道）や修験道などもそれぞれ理論的に整備され、新たな安定を見ることとなった。仏教思想を共通の理論的基盤としながら、時と処に応じて、仏教や神祇信仰・修験道・陰陽道などをそれぞれ適宜使い分けながら精神的な安穏と魂の救済を得るという、日本に特有の宗教がここに成立したのである。

## 異端としての「鎌倉新仏教」

以上に述べたこととは別に、顕密体制の成立については、さらにいくつかの注目すべき問題がある。

そのひとつは、世俗権力と一体化し、あるいはそれ自身が世俗的な封建領主権力として立ちあらわれることとなった体制的宗教としての顕密仏教にたいし、それは本来の仏教のありかたとは異なるとする鋭い批判が、その成立当初から存在したことである。

ここから聖《ひじり》と呼ばれる多数の民間宗教者が生まれることとなった。彼らは、もっぱら山林修行や諸国遊行、造寺・造仏・造塔・写経・供養の勧進など、寺院を離れて多彩な活動を展開した。ただし、彼らは鎌倉時代には体制内に組みこまれて、顕密仏教の周辺部を構成することとなった。

これにたいし、同じく鎌倉時代に、顕密仏教にたいする根本的批判とその革新運動として、一般に「鎌倉新仏教」と呼ばれる多様な宗派が登場した。法然《ほうねん》のとなえた浄土宗や、親鸞《しんらん》の浄土真宗（一向宗）、一遍《いっぺん》の時宗、日蓮《にちれん》の日蓮宗（法華宗）、あるいは道元《どうげん》によって新しく中国から伝えられた曹洞宗などで、庶民の間への布教を通じて急速に教線を広げていった。これらの宗派は、一向専修《いっこうせんじゅ》（ひたすら念仏や題目を唱え、あるいは座禅をおこなうこと）をスローガンとし、一部では神祇不拝を称えるなど、顕密仏教と鋭く対立した。しかし、世俗権力からも厳しい弾圧を受け、顕密仏教にたいする異端という地位にとどまった。

「鎌倉新仏教」とはいうが、その主張が広く浸透・定着するのは鎌倉時代よりはるか後の、顕密体制が崩壊する中世末期を待たなければならなかった。

### 神国思想と仏教的三国世界観

このほか注目されるのは、神国思想の登場である。

神国思想とは、

⑴神明擁護
⑵神孫降臨
⑶国土の宗教的神聖視

という三つの機能を宗教思想として三位一体的に信じたり、あるいは支配イデオロギーとして信じさせたりする、すぐれて現世利益的な価値観・世界観というべきもので、仏教思想にもとづく自国認識の新たな展開という特徴をもっていたといえる［佐々木馨 一九九七］。

日本が「神国」、すなわち神の子孫である天皇によって統治される、中国などとは異なる特別な「神の国」だとする考えそのものはすでに古代から存在した。とくに唐世界帝国が崩壊し、新羅との緊張関係が高まった十世紀には、さかんに日本は神国だとする主張が繰り返された。しかし、それは日本の国土の閉鎖性を前提とした、単なる独自性の強調という性格が強く、まだ理論的には十分整備されていなかった。それが、本地垂迹説や次に述べる仏教的な三国世界観と結び合うことで、新たな理論的体系性を備えたものへと発展し、神国思想として成立したのである。

世界が天竺《てんじく》（インド）と震旦《しんたん》（中国）および本朝（日本）の三つからなるとする三国世界観は、天台宗を開いた最澄によって初めてとなえられたとされ、顕密仏教の発展にともなってしだいに定着していった。平安末期の十二世紀前半に成立した説話集『今昔物語集』が、天竺・震旦・本朝の三編で構成されているのは、その一例といえる。

この世界観は、もとは古代の、中国(唐)と日本とで構成されていたのが、新たに天竺(インド)を加えたものへと変化したところに特徴があり、先進文明国中国を相対化するとともに、仏教を基軸に据えて世界を捉えかえすという、顕密体制にふさわしい中世的なものであったといえる。そして重要なのは、こうした世界観の変化にともなって、日本の天皇の系譜(神統譜)についても、その理解が大きく転換したことである[上島享 二〇一〇]。

## 神統譜の中世的再編成

『古事記』『日本書紀』などに記された古代の天皇神話では、天皇の系譜が、

神代(クニノトコタチからウガヤフキアエズまで)

神武以下の歴代天皇

の二つに大きく区分されており、さらに神代は、

神世《かみよ》七代《ななよ》(クニノトコタチからイザナギ・イザナミまで)

アマテラスからウガヤフキアエズまで

に区分されていた。

それが、十一世紀末から十二世紀ころに、

天神七代（クニノトコタチからイザナギ・イザナミまで）

地神五代（アマテラスからウガヤフキアエズまで）

人王（神武以下の歴代天皇）

というかたちに大きく再編成されたのである。かつて古代には天神のひとつとされたアマテラスが地神の初代とされ、日本の「国主」とも称されることとなった。

こうした変化が生じた背景に、次のような三つの認識の変化があった。

A　アマテラスは釈迦が誕生する以前に存在したとして、日本列島の歴史がインドや仏教との関係において捉えなおされている。

B　日本の国号が「大日本国」、すなわち大日（大日如来）の本国と読みかえられ、これまた仏教との関係で捉えられている。

C　アマテラスが大日如来、あるいは阿弥陀如来の化身とされ、本地垂迹説にもとづいて理解されている。

天神七代・地神五代・人王という、古代と大きくその内容を異にする中世的神統譜の理解は、三国世界観を踏まえ、本地垂迹説などの仏教思想にもとづいて再構成され、成立したものだったのである。

こうした理論的裏づけのもとに、顕密体制の成立と時を同じくして、神国思想も成立したのであった。

## 2　二十二社・一宮制と中世の神社

### 「神仏隔離」原則

顕密体制と本地垂迹説の成立にともなって、仏と神、寺院と神社は同じもの、表裏一体の関係にあるものと理解されるようになったが、しかし同時に仏と神、寺院と神社とは区別すべきものとする考えもまた存在した。これを一般に「神仏隔離」の原則と呼んでいる。

もともと神社・神祇信仰が寺院・仏教に対抗して創出されたことからして、それは当然のことともいえるが、それがひとつの原則としてあらためて明確となったのは、「神仏習合」の第二段階を経たのちのことであった〔藤井正雄　一九九四〕。「神仏習合」の第三段階に当たる本地垂迹説や顕密体制の成立というのは、「神仏隔離」の原則を踏まえた「神仏習合」の理論的体系化、その完成形態という位置を占めるものだったのである。

では、こうしたなかで、中世の神社は古代と異なるどのような特徴をもつこととなったのであろうか。

第一に注目されるのは、その景観を含め、神社そのもののありかたが大きく様変わりしたことである。本地垂迹説にもとづく本地仏の設定にともなって、新たにその本地仏を祭る神宮寺がすべての神社境内やその周辺部に設けられたほか、経蔵や三重塔など種々の仏教施設が神社境内に建設され、また神宮寺僧を始めとする多数の僧侶が「社僧」として神社の祭礼と運営の重要な一翼を担い、祭礼構造もまたそれにともなって神事と仏事とを組み合わせおこなうものへと変化した。

## 中世神社の新たな階層化

第二の大きな変化は、神社の新たな階層化とそれにともなう中世的な神社制度の成立である。

新たな階層化とは、中世の神社が、

(a)地域支配権力を含む国家権力の一翼を担い、あるいはそのイデオロギー支配機関としての機能を果たした二十二社・一宮などの公的・国家的な性格をもつ有力神社

(b)個々の領主権力と結んで民衆支配の一翼を担った荘郷鎮守などの中小神社
(c)民衆の素朴な信仰対象となったその他の零細な神社や小祠

の三種に大きく区分されたことをいう。このうち、(a)と(b)は古代の官社、(c)は同じく非官社の系譜をそれぞれ引くものと位置づけることができるが、とくに注目されるのは、前者が(a)と(b)に区分されたこと、なかでも(a)という中世社会に特有の神社制度が整えられたことである。

その具体的な内容についてはのちほどあらためて述べることとし、ここではその他の点について簡単に触れておこう。

まずは、その階層性のもつ意味についてである。

神社は、個々人の精神的な救済を目的とする仏教・寺院と異なって、共同体など特定の社会集団の共同利益を擁護するところに、その本来的な特徴があり、そこに寺院と神社との本質的な違いもあった。これを踏まえて考えると、神社の階層性とは、それがどのような社会集団(単位)の共同利益を擁護するための宗教施設であったのかということの、具体的なあらわれにほかならない。(a)が中央・地方の国家権力、(b)が荘園・公領制支配権力、そして(c)が村落などの民衆生活に、それぞれ対応する鎮守神であったと考えられるのである。

つぎは「神仏隔離」原則とのかかわりについてである。

右にも述べたように、寺院と神社はそれぞれ異なる機能を担ったから、寺院と神社、神と仏とが区別されるのは当然のことであったが、それが神仏隔離というかたちで、明確かつ形式的に区別されたのは(a)と(b)、とりわけ(a)であった。これは、寺院と神社との機能分担ともかかわるところで、常設神殿（社殿）もなく、専業の神職も存在しないのが一般的であった(c)では、ことさらにそうした区別をおこなう必要もなく、ただ「時と処に応じて適宜使い分ける」というものにとどまったのであった。

## 二十二社

さて、中世社会に固有の神社制度としての二十二社・一宮制についてである。それは十一世紀末から十二世紀初頭ころに、中世顕密体制との一体的な関係のもとに成立した［井上寛司　二〇〇九］。

まず、二十二社というのは、伊勢神宮や石清水八幡宮など、京都とその周辺部に位置した二十二の有力神社のことで、「王城鎮守」とも呼ばれ、天皇とその居所である都、そして観念的には日本国全体の鎮守神として機能した。古代の天皇直轄祭祀の成立にともなって十世紀に成立した十六社制をさらに整備することによって、諸国一宮制（後述）と一体のものとして成立した。
制度的には、永保元年（一〇八一）に近江国日吉《ひえ》社が加列されたことで整えられ、日常的、また国家の大事に際し、天皇からの奉幣がおこなわれるほか、石清水八幡宮や賀茂社などには天皇を始め公家・武家の公式参拝（参詣）もおこなわれた。

【上七社】

| 〈社名〉 | 〈現社名〉 | 〈所在地〉 |
|---|---|---|
| 太神宮 | 神宮（伊勢神宮） | 三重県伊勢市 |
| 石清水 | 石清水八幡宮 | 京都府八幡《やわた》市 |
| 賀茂 | 賀茂別雷《かもわけいかづち》神社（上賀茂神社） | 京都府京都市北区 |
| | 賀茂御祖《かもみおや》神社（下鴨神社） | 京都府京都市左京区 |
| 松尾 | 松尾大社 | 京都府京都市西京区 |
| 平野 | 平野神社 | 京都府京都市北区 |
| 稲荷社 | 伏見稲荷大社 | 京都府京都市伏見区 |
| 春日社 | 春日大社 | 奈良県奈良市 |

【中七社】

| 〈社名〉 | 〈現社名〉 | 〈所在地〉 |
|---|---|---|
| 大原野社 | 大原野神社 | 京都市西京区 |
| 大神社 | 大神《おおみわ》神社 | 奈良県桜井市 |
| 石上社 | 石上《いそのかみ》神宮 | 奈良県天理市 |
| 大和社 | 大和神社 | 奈良県天理市 |
| 広瀬社 | 広瀬大社 | 奈良県北葛城郡河合町 |
| 龍田社 | 龍田大社 | 奈良県生駒《いこま》郡三郷町《さんごうちょう》 |
| 住吉社 | 住吉大社 | 大阪市住吉区 |

【下八社】

| 〈社名〉 | 〈現社名〉 | 〈所在地〉 |
|---|---|---|
| 日吉社 | 日吉大社 | 滋賀県大津市 |
| 梅宮 | 梅宮大社 | 京都市右京区 |
| 吉田社 | 吉田神社 | 京都市左京区 |
| 広田社 | 広田神社 | 兵庫県西宮市 |

祇園社　八坂神社　京都市東山区
北野社　北野天満宮　京都市上京区
丹生《にう》社　丹生川上神社上社　奈良県吉野郡川上村
　丹生川上神社（中社）　奈良県吉野郡東吉野村
　丹生川上神社下社　奈良県吉野郡下市町
貴布禰《きぶね》　貴船神社　京都市左京区

## 諸国一宮

これにたいし、各国ごとの鎮守神（国鎮守）とされたのが諸国一宮である。若狭国や安芸国などの、各国を代表するもっとも有力な神社を選んでこれを「国中第一の霊神」と称し、その加護によって当該国およびそこに住む人びとの生活を守るというものである。そのために、各国の国衙などは、その維持・運営（造営や祭礼など）に要する財政的な支援・保障をおこなうとともに、一宮の神官・社僧らと共同で祭礼を執りおこなったりした。

こうした国鎮守を一宮といい、国によっては一宮、二宮がセットとなって国鎮守の機能を担うところもあった。イザナギを祭神とする伊弉諾《いざなぎ》神宮（一宮）とイザナミを祭神とする大和大国魂《おおくにたま》神社（二宮）がセットをなす淡路国や、「仲哀天皇」を祭神とする住吉神社（一宮）と「神功皇后」を祭神とする忌宮《いみのみや》神社（二宮。中世では神功皇后宮と称した）が一体となって国鎮守の機能を担った長門国などである。

また、こうした一宮・二宮などの呼称の成立にともなって、国内有力神社に一宮・二宮・三宮などの序列を付すところもあった。上野《こうずけ》国が一宮〜九宮で構成されているのは、その最大のものである。しかし、その場合にあっても、国鎮守としてもっとも重視されたのは一宮のみで、そのことからこれを中世諸国一宮制と呼んでいる。

## 中世日本紀

中世諸国一宮制には、次のようないくつかの重要な特徴が認められる。

第一は、国鎮守が六十六ないし六十八ヵ国のすべてに設けられることによって、それぞれ各国が守られるとともに、中央の二十二社とも連携しながら、その全体が寄り集まって日本国の全体が守られるという構造となっていることである（その意味から、これを王城鎮守・国鎮守制とも呼ぶ）。ただし、さきに述べたような日本中世国家の構造ともかかわって、国鎮守としての諸国一宮制こそが中世的な国家的神社制度のもっとも重要な部分（基軸）を担っていたことにも注意が必要である。

第二に、諸国一宮が荘郷鎮守や村落小祠などと異なる、それらを超越する公的・国家的な神社（国鎮守）として機能しえた最大の要因が、古代天皇神話の中世的な再編にあったと考えられることである。そして、そのことから第三に、中世神国思想の直接的な担い手が諸国一宮であったと考えられることである。『類聚既《るいじゅき》験鈔《げんしょう》』（『続群書類従』巻五十八）が「諸国一宮の事。〈国々擁護の霊神なり。日本は神国□〉」（原漢文。〈　〉は二行割書き）と述べているのは、これをもっとも簡潔なかたちで示したものといえる。

右のうち、第二の点について若干補足すると、古代から中世への移行と顕密体制の成立にともなって、古代の天皇神話にも大きな変化が生まれた。ひとつは、仏教思想にもとづいてこれを読み解き、解釈することが一般的となったこと、もうひとつには、『古事記』『日本書紀』などの一部を、適宜抜き出したりつなげたりして、本来はなかった新たな神話が多数作り出されたことである。これを、一般に中世日本紀と呼んでいる。

諸国一宮の場合、それぞれの国や神社の由緒に応じて、その国や神社特有の中世神話を造り出した。そのもっとも典型的な事例として、出雲国一宮杵築《きづき》大社（出雲大社）の場合を示しておこう（なお、中世の杵築大社では、古代や近世以後と異なって、オオナムチ〔オオクニヌシ〕ではなくスサノヲが祭神とされた）。

| | 国名 | 社名 | 所在地 |
|---|---|---|---|
| 山陰道 | 丹波 | 出雲《いずも》神社（出雲大神宮） | 京都府亀岡市 |
| | 丹後 | 籠《この》神社 | 京都府宮津市 |
| | 但馬 | 出石《いずし》神社 | 兵庫県豊岡市 |
| | 因幡 | 宇倍《うべ》神社 | 鳥取県鳥取市 |
| | 伯耆 | 倭文《しとり》神社 | 鳥取県東伯郡湯梨浜町 |
| | 出雲 | 出雲《いずも》大社 | 島根県出雲市 |
| | 石見 | 物部《もののべ》神社 | 島根県大田市 |
| | 隠岐 | 水若酢《みずわかす》神社 | 島根県隠岐郡隠岐の島町 |
| 山陽道 | 播磨 | 伊和《いわ》神社 | 兵庫県宍粟市 |
| | 美作 | 中山《なかやま》神社 | 岡山県津山市 |
| | 備前 | 吉備津彦《きびつひこ》神社 | 岡山県岡山市北区一宮 |
| | 吉備（備中） | 吉備津《きびつ》神社 | 岡山県岡山市北区吉備津 |
| | 備後 | 吉備津《きびつ》神社 | 広島県福山市 |
| | 安芸 | 厳島《いつくしま》神社 | 広島県廿日市市 |
| | 周防 | 玉祖《たまのおや》神社 | 山口県防府市 |
| | 長門 | 住吉《すみよし》神社 | 山口県下関市 |
| 南海道 | 紀伊 | 日前《ひのくま》神宮・国懸《くにかかす》神宮<br>丹生都比売《にうつひめ》神社 | 和歌山県和歌山市<br>和歌山県伊都郡かつらぎ町 |
| | 淡路 | 伊弉諾《いざなぎ》神社（伊弉諾神宮） | 兵庫県淡路市 |
| | 阿波 | 上一宮大粟《かみいちのみやおおあわ》神社<br>一宮《いちのみや》神社<br>大麻比古《おおあさひこ》神社 | 徳島県名西郡神山町<br>徳島県徳島市<br>徳島県鳴門市 |
| | 讃岐 | 田村《たむら》神社 | 香川県高松市 |
| | 伊予 | 大山祇《おおやまつみ》神社 | 愛媛県今治市 |
| | 土佐 | 土佐《とさ》神社 | 高知県高知市 |
| 西海道 | 筑前 | 住吉《すみよし》神社 | 福岡県福岡市博多区 |
| | 筑後 | 高良《こうら》神社（高良大社） | 福岡県久留米市 |
| | 豊前 | 宇佐《うさ》神宮 | 大分県宇佐市 |
| | 豊後 | 柞原《ゆすはら》八幡宮 | 大分県大分市 |
| | 肥前 | 千栗《ちりく》八幡宮 | 佐賀県三養基郡みやき町 |
| | 肥後 | 阿蘇《あそ》神社 | 熊本県阿蘇市 |
| | 日向 | 妻万《つま》神社 | 宮崎県西都市 |
| | 大隅 | 鹿児島《かごしま》神宮（大隅正八幡宮） | 鹿児島県霧島市 |
| | 薩摩 | 枚聞《ひらきき》神社<br>新田《にった》八幡宮 | 鹿児島県指宿市<br>鹿児島県薩摩川内市 |
| | 壱岐 | 天手長男《あめのてながお》神社 | 長崎県壱岐市 |
| | 対馬 | 上津八幡宮<br>下津八幡宮 | 長崎県対馬市峰町<br>長崎県対馬市厳原町 |

## 諸国一宮

| 国名 | | 社名 | 所在地 |
|---|---|---|---|
| 畿内 | 山城 | 賀茂別雷神社《かもわけいかづち》<br>賀茂御祖神社《かもみおや》 | 京都府京都市北区<br>京都府京都市左京区 |
| | 大和 | 大神神社《おおみわ》 | 奈良県桜井市 |
| | 河内 | 枚岡神社《ひらおか》 | 大阪府東大阪市 |
| | 和泉 | 大鳥神社《おおとり》 | 大阪府堺市西区 |
| | 摂津 | 住吉神社《すみよし》（住吉大社） | 大阪府大阪市住吉区 |
| 東海道 | 伊賀 | 敢国神社《あえくに》 | 三重県伊賀市 |
| | 伊勢 | 多度神社《たど》 | 三重県桑名市 |
| | 志摩 | 伊雑宮《いざわのみや》 | 三重県志摩市 |
| | 尾張 | 真清田神社《ますみだ》 | 愛知県一宮市 |
| | 三河 | 砥鹿神社《とが》 | 愛知県豊川市 |
| | 遠江 | 小国神社《おぐに》 | 静岡県周智郡森町 |
| | 駿河 | 浅間神社《せんげん》（富士山本宮浅間大社） | 静岡県富士宮市 |
| | 伊豆 | 三嶋神社《みしま》（三嶋大社） | 静岡県三島市 |
| | 甲斐 | 浅間神社《せんげん》 | 山梨県笛吹市 |
| | 相模 | 寒川神社《さむかわ》 | 神奈川県高座郡寒川町 |
| | 武蔵 | 小野神社《おの》 | 東京都多摩市 |
| | 安房 | 安房神社《あわ》 | 千葉県館山市 |
| | 上総 | 玉前神社《たまさき》 | 千葉県長生郡一宮町 |
| | 下総 | 香取神宮《かとり》 | 千葉県香取市 |
| | 常陸 | 鹿島神宮《かしま》 | 茨城県鹿嶋市 |
| 東山道 | 近江 | 建部神社《たけべ》 | 滋賀県大津市 |
| | 美濃 | 南宮神社《なんぐう》 | 岐阜県不破郡垂井町 |
| | 飛驒 | 水無神社《みなし》（飛驒一宮水無神社） | 岐阜県高山市 |
| | 信濃 | 諏訪神社《すわ》（諏訪大社） | （上社）長野県諏訪市・茅野市<br>（下社）長野県諏訪郡下諏訪町 |
| | 上野 | 貫前神社《ぬきさき》（一之宮貫前神社） | 群馬県富岡市 |
| | 下野 | 二荒山神社《ふたらさん》 | 栃木県日光市 |
| | 陸奥 | 塩竈神社《しおがま》 | 宮城県塩竈市 |
| | 出羽 | 大物忌神社《おおものいみ》 | 山形県飽海郡遊佐町 |
| 北陸道 | 若狭 | 若狭彦《わかさひこ》・若狭姫神社《わかさひめ》 | 福井県小浜市 |
| | 越前 | 気比神宮《けひ》 | 福井県敦賀市 |
| | 加賀 | 白山比咩神社《しらやまひめ》 | 石川県白山市 |
| | 能登 | 気多神社《けた》 | 石川県羽咋市 |
| | 越中 | 気多神社《けた》 | 富山県高岡市 |
| | 越後 | 弥彦神社《やひこ》<br>居多神社《こた》 | 新潟県西蒲原郡弥彦村<br>新潟県上越市 |
| | 佐渡 | 度津神社《わたつ》 | 新潟県佐渡市 |

スサノヲは釈迦が法華経を説いた聖地とされる霊鷲山《りようじゆせん》の一部が砕け、海に漂っていたのを引き寄せて出雲の国造りをおこない、そこに神社を築いておさまった。それが杵築大社であり、新しくできた国土（現在の島根半島）を浮浪山という。

これは、『出雲国風土記』に見えるヤツカミズオミヅヌ（八束水臣津野）が隠岐・北陸・朝鮮半島から土地を引き寄せて出雲の国造りをおこなったという古代の国引き伝承を、中世杵築大社の祭神スサノヲを主人公として組み替えたもので、スサノヲが杵築大社の本寺であった天台宗寺院浮浪山鰐淵寺《がくえんじ》の本尊蔵王《ざおう》権現の化身とされたことを含め、仏教思想にもとづいて再構成された中世神話であったと考えることができる。

このように、中世の諸国一宮（二十二社についても同様）は、それぞれ独自の解釈にもとづいて中世神話を作り上げ、またその祭神をいずれも天皇神話と結びつけることによって公的・国家的な神社としての地位を確立したのであった。それは、「多元的・分散的な中央集権国家」と呼ばれる中世国家に、まことにふさわしい姿であったと考えることができる。これを顕密仏教および王法仏法相依論との関係に置きなおしていえば、その理論構築を仏教（顕密寺院）が担い、実際には神社（諸国一宮）を通じてそれが実現されるという、寺院と神社との相互補完と機能分担の関係として捉えることができる。これが、中世顕密体制というものの実態にほかならなかったのである。

## 荘郷鎮守と国惣社

以上見てきたような特異な性格をもった二十二社や諸国一宮にたいし、さきに(b)として区分した荘郷鎮守がむしろ中世にあってはもっとも一般的で、量的にも多数を占めた。これには、荘園・公領の全域をカバーするものから、村落鎮守にも等しい小規模な信仰圏をもつものまで、その実態は多様であった。

また、従来から存在した神社が荘郷鎮守に組み替えられたものから、荘園領主や在地領主などによって新たに勧請されたものまで、その実態もまた多様であった。しかし、そうした違いを超えて、荘園領主などから造営や祭礼などに要する費用の一部を保障され、したがってその祭礼も荘園や公領にとっての公的なものとの位置づけを与えられているところに、共通した特徴があった。

中世には、これらの神社にも常設神殿が創設され、神官や社僧など専業の宗教者がその維持・運営に当たるのが一般的で、そこに古代との大きな違いが認められる。また、村落住民たちがその祭礼費用の一部を負担し、あるいは祭礼の担い手として重要な役割を担ったのも荘郷鎮守の大きな特徴のひとつで、もっぱら領主層のための宗教施設として機能した諸国一宮（そこでは、村落住民は基本的に税負担者兼見物人にとどまった）との違いが、そこにあった。

さらに中世にあっては、これらの神社も国鎮守（一宮）とともに国衙惣社の管轄下に置かれており、惣社で作成される国内神名帳に記載され、広い意味での各国鎮守神の一角を構成することとなっていた。

惣社というのは、中世一宮制と時を同じくして成立したもので、一宮と同じくすべての国に設けられ、国衙の宗教機能を担うとともに、一宮を含む国内神社の統括・管理をその主要な任務とした。

惣社の名称は、国内神社のすべての祭神を合わせ祭るところから生まれたもので、各国とも国衙に隣接して存在した。国衙権力機構の一翼を構成し、惣社の神官・社僧は同時に国衙の在庁官人でもあった。

## 「神」の変貌

以上に見てきたような中世神社制度の成立や宗教構造の変化にともなって、「神道」はどのように変化したであろうか。

この問題について考えるうえで、あらためて注意しておく必要があるのは、「はじめに」

で引用した近世初頭の『日葡辞書』が、「神道」を「神と神に関する事」と説明していたように、そこに「日本固有の民族的宗教」などという意味が含まれていないことである。これは、中世にあっても、「神道（シンドウ・ジンドウ）」の語が、古代の場合と同じく、「神の権威・力・はたらきや神そのもの」というきわめて漠然としたものとして理解されていたことを示すものにほかならない。

ただし、古代と中世とで変化がなかったというわけではもちろんない。次の二つの点で大きな変化が生まれた。

ひとつは、「神」の内容に大きな変化が生まれたことである。古代の神がアニミズムの伝統のうえに立つきわめて漠然としたカミ一般であったのにたいし、中世にはそれが天皇神話上の神々へと変貌を遂げる。

いくつかの事例を紹介しよう。

①それ我が朝は神国なり。宗廟《そうびょう》相並んで、神徳これあらたなり。（中略）しかれば即ち、かつは神道の冥助に任せ、かつは勅宣の旨趣を守って、早く平氏の一類を誅《ちゅう》して、朝家の怨敵を退けよ。（『平家物語』巻五）

②八幡大菩薩は、昔これ本朝の聖皇、今また宗廟の霊神なり、（中略）仰ぐところの吾が神は、今上聖主の祖宗なり、（中略）それ神道の垂迹は、国家を護り奉るためなり、神徳の倍増は、宮寺を重んじられるによるなり。（弘安九年〔一二八六〕正月二十三日尚清言上状写、石清水八幡宮文書、『鎌倉遺文』一五七八七号。原漢文）

③大日本は神国なり。天祖はじめて基をひらき。日神ながく統を伝へ給ふ。我国のみ此事あり。異朝には其たぐひなし。此ゆへに神国といふなり。（中略）ことさらに此国は神国なれば、神道にたがひては一日も日月をいたゞくまじきいはれなり。（『神皇正統記』、『群書類従』巻二九）

こうした事例は枚挙にいとまがないが、たとえば②にいう「神道の垂迹」とは、天皇神話上の「応神天皇」が石清水八幡宮の祭神八幡大菩薩となってあらわれたというもので、ここにいう「神道」が「応神天皇」を指すことは明らかであろう。

中世にあっては、古代と異なって、「神道」は天皇神話上の神々とそのありようとして理解されたのである。

## 日本の「神道」の成立

そして、ここからいまひとつの変化があらわれてくる。

神社の祭神とされた天皇神話上の神々についてのさまざまな観念的で思想的解釈（「神道」教説）もまた「神道」と称されることとなったのである。戦国時代の初めに卜部《うらべ》（吉田）兼倶《かねとも》が著した『唯一神道名法要集《ゆいいつしんとうみょうほうようしゅう》』から、それを知ることができる。


問ふ。神道トハ幾《いくば》ク分別スル子細有ル哉《や》。

答ふ。一ニハ本迹縁起《ほんじゃくえんぎ》ノ神道。二ニハ両部習合《りょうぶしゅうごう》ノ神道。三ニハ元本宗源《げんぽんそうげん》ノ神道。故ニ是れヲ三家ノ神道ト云ふ。

問ふ。本迹縁起ノ神道トハ何ゾ哉。

答ふ。某《そこ》ノ宮、某ノ社に化現《けげん》、降臨、勧請《かんじょう》以来、縁起の由緒ニ就きて、一社の秘伝ヲ構へ、口決《くけつ》の相承ヲ以テハ、累世の祠官ト称ス。将亦本地《はたまたほんち》の法味ヲ修しテハ、内《ない》清浄の理教ニ准《なぞら》へ、祭祀の礼奠《れいてん》ヲ捧げテハ、外《げ》清浄の儀式ニ備フ。是れヲ本跡縁起ノ神道ト云ふ。又ハ社例伝記の神道ト云フ。

問ふ。両部習合ノ神道トハ何ぞ哉。

答ふ。胎金《たいこん》両界ヲ以テハ、内外《ないげ》二宮《にくう》ト習ヒ、諸尊ヲ以テハ、諸神ニ合はス。故ニ両部習合ノ神道ト云ふ者乎《ものか》。（日本思想大系『中世神道論』）

兼倶は、これまで二つの神道が存在したとして、それに対置して「元本宗源神道」＝「唯一神道」を提唱し、それまでの「神道」を批判する。ここに引用したのは、その批判の対象となった二つの「神道」（本迹縁起《ほんじゃくえんぎ》神道と両部習合 神道）についての兼倶の説明である。

兼倶のとなえる「唯一神道」については、のちほどあらためて考えることとし、ここでは神話上の神々についての多様な教説もまた「神道」と捉えられていることに注目したい。すなわち、さきに指摘した第一の点と合わせると、中世には天皇神話上の神々とそのありよう、およびそれについての多様な解釈（教説）がともに「神道」と理解されたのであって、そこに古代との明らかな違いを認めることができる。

そして、重要なのは、古代と異なるというだけでなく、それが日本に固有の具体的な意味を担っているところから、中国とは異なる、日本独自の意味をもつ「神道」が、歴史上初めてここに成立したことである。

日本の「神道」は原始社会や古代ではなく、中世にこそ成立した。しかも、それが従来考えられてきたような「日本固有の民族的宗教」などではなく、

**■神社の祭神とされた天皇神話上の神々とそのありよう**

## ■それについての思想的解釈

というものであったことが、とりわけ重要である。

では、こうした日本の「神道」が中世になって新たに成立した背景とはなんだったのであろうか。

そのヒントは、さきの兼倶の説明のなかに示されている。

兼倶が二つにまとめたうちの前者(本迹縁起神道)は、「社例伝記の神道」ともいわれているように、各神社が仏教思想を踏まえながらそれぞれの由緒を作り上げたことによって成立したもので、それは各神社の謂われや祭神の神威・神徳を天皇神話との関係において説明することを意味していた。それはさきに述べた中世日本紀のひとつで、祭神が天皇神話上の神々ということからも、二十二社・一宮(とくに一宮)でおこなわれた作業にほかならないと考えることができる。

### それぞれの理論武装

出雲国一宮杵築大社と同様に、各国や神社ごとの状況に応じて、適宜天皇神話が組み替えられた。各社がそれぞれ独自の中世神話を作り上げるとともに、それにふさわしい儀礼体系も整えられた。それこそが、兼倶のいう本迹縁起神道の具体的な内容であり、中世的な国家的神社制度である二十二社・一宮制の成立と軌を一にするものであったと考えることができる。

これにたいし、後者（両部習合神道）は、伊勢神宮（内外宮）の祭神を密教でいう胎蔵界と金剛界の両界曼荼羅（諸尊の悟りの世界を描いた、諸仏・菩薩や神々を網羅するかたちで描かれた図）と習合させるかたちで説明されていて、密教理論にもとづく「神道」教説だといえる。それは、顕密仏教の立場から日本国主アマテラスを祭る伊勢神宮を説明しようとして考え出されたもので、これまた顕密体制の成立にともなって成立したものであった。

このように、本迹縁起神道は主に二十二社・一宮などの神社において、そして両部習合神道は顕密仏教などの寺院においてそれぞれ考え出されたもので（その意味から、前者を「神社神道」、後者を「仏教神道」と呼ぶこともできよう）、ともに天皇神話がそのベースとなっているところに共通の特徴が認められる。これは、古代の場合、天皇神話が律令国家の掲げるいわば政治的なスローガンにとどまり、国家的な神社（官国幣社）でさえその大多数がこれとまったく無関係であったのと異なり、中世の場合、顕密体制の成立にともなって、仏教思想によって理論武装された天皇神話が国家・社会の理論的支柱としてきわめて重要な位置を占めるにいたったことによるものと考えることができる。

## 「伊勢神道」の実態

中世の「神道」に関しては、従来から伊勢神道がよく知られ、これこそが日本の「神道」の根幹に位置するものと考えられてきた。鎌倉後期の作とされる『神道五部書』が日本の「神道」の聖典とされるのも、そうした位置づけを踏まえてのことである。

しかし、こうした理解には再検討の必要がある。

なによりも「伊勢神道」などという呼称そのものが中世には存在せず、実際には吉田兼倶のいう「社例伝記の神道」として存在したにすぎない。伊勢神宮を含む二十二社や一宮などで作成された多数の「神社神道」のひとつ、それが「伊勢神道」といわれるものの実態であった。

ただ、ここで注意しておく必要があるのは、「神社神道」といっても、実際には各神社に所属する顕密僧などがその直接的な担い手だったことである（伊勢神宮の場合は内外宮の相論ともかかわって、外宮の神官度会《わたらい》氏の手で編成されたところに独自の特徴があった）。出雲国の場合なども、一宮杵築大社の本寺である鰐淵寺僧の手で中世神話は作成されたのであった。

## いまひとつの「神道」

ところで、中世の「神道」関係の史料のなかには、「神道」を「仏道」と対置し、区別するという事例も認められる。

具体例を示そう。

①当寺（鰐淵寺のこと）は、最初、西天鷲嶺《じゅれい》の艮《うしとら》の隅欠けて浮浪し流れ来たるを、素盞《すさの》烏尊《おのみこと》築き留め玉フ、故ニ浮浪山といふ、麓ニハ霊祇利生の大社（杵築大社のこと）を建て、諸神降臨の勝地を定め、峯ニハ権現和光の社壇を構へ、仏天影向の結界を示す、夜半毎ニ大明神飛滝の社前に歩を運ぶ所以は、仏法を護り国家の明誓を持し玉フ（故なり）、ここを以て杵築と鰐淵二にして二ならず、而して並びに仏道・神道暫モ相離ル事なし。（年月日未詳某書状断簡、鰐淵寺旧蔵文書、『大社町史』史料編古代・中世、一八三七号。原漢文）

②仏道と神道との底の一つならん様を知らず。面は殊のほかに変りて、その勤め行ふ有り様、水と火の如し。然れば、神職に居ん人、いかが相並べて仏事を営まんや。（国文東方仏教叢書『広疑瑞決集』。原漢文）

①は先述した出雲国鰐淵寺、②は信濃国諏訪社関係のものである。「神道」と「仏道」

が不即不離の関係にあるとしながら、とくに②では、それを区別すべきことが強調されている。

これらの事例は、あるいはこれこそが仏教と対比される「日本に固有の民族的宗教」を意味するのではないかと考えられるかもしれない。しかし、やはりそうではない。

②において「その勤め行ふ有り様、水と火の如し」と指摘されているように、行法の違い、すなわち儀礼体系としての違いを踏まえ、神事と仏事とを区別すべきことが強調されているにすぎない。これは、仏教思想を共通の基盤としながら中世に成立した、日本固有の宗教としての「融通無碍な多神教」のうちの神祇信仰にかかわる部分と考えるのが妥当だといえよう。仏道や修験道・陰陽道などと対比して、これを「神祇道」と呼び、略して「神道」と称したと考えられるのである。

そのことは、①において、中世出雲神話を踏まえて杵築大社と鰐淵寺との一体的な関係が強調され、それが「仏道」「神道」と表記されていることからも知られよう。ただし、こうした用例は量的にもごく限られていて、中世にあっては副次的・派生的な位置を占めたと考えなければならない。右の事例もそうであるが、中世では比喩的な言いかたにとどまったと考えるのが妥当だといえる。

## 3　吉田神道の成立とキリスト教の伝来

### 禅宗の発展がもたらしたもの

平安末・鎌倉初期に顕密体制として整えられた中世的な宗教構造は、その後鎌倉末から南北朝・室町時代を経て戦国時代へと至るあいだに、いくつかの重要な変化を見ることとなった。とくに半世紀にも及ぶ南北朝の内乱を経たのちの室町時代には、国家や社会のありかたを含め、鎌倉末期以前の中世前期とは異なるいくつかの重要な変化が認められる。

そのひとつは、禅宗の発展とそれにともなう顕密仏教構造の変容である。六世紀初めに菩提達磨《だるま》によってインドから伝えられ、中国で新たに仏教の一宗派として成立した禅宗は、鎌倉時代の初め栄西《えいさい》によってそのうちの一派臨済宗が日本に伝えられ、鎌倉幕府の帰依を得て急速に広まっていった（これとは別に、曹洞宗も伝えられたことは先述した）。

とくに鎌倉幕府によって招かれた蘭渓道隆《らんけいどうりゅう》が宋から渡来して以後、禅宗（臨済宗）は中国先進文明を伝えるものとして武家のみならず公家からも大きな注目を集め、政治・学問・思想・文化など各方面に大きな影響を与えることとなった。そして、南北朝内乱の過程を通じて権力基盤を強化・拡大した室町幕府によって五山の官寺制度が整えられるなど、室町時代の禅宗（臨済宗）は体制的仏教の重要な一角を担うこととなった。

中世顕密体制の成立以来、顕密仏教は天台・真言の両宗に南都六宗を加えた八宗が「顕密八宗」としてその中核に位置づけられ、国家的正当性を担うものと考えられてきた。それが、室町幕府の外護《げご》を得た禅宗（臨済宗）が加わることで、その内容に大きな変化が生じることとなったのである［大田壮一郎　二〇〇七］。

一条兼良《いちじょうかねら》が将軍足利義尚《あしかがよしひさ》のために著した政道書『樵談治要《しょうだんちよう》』第二条に、次のように記されていることからも、それをうかがうことができる。

いわゆる八宗ハ、真言華厳天台三論法相倶舎成実律宗是なり。たゝし倶舎をハ法相につけられ、成実をハ三論に兼学するによりて六宗となれり。そのゝち浄土と禅との二を加ふれハ猶八宗と称すへし。天竺の事ハ程遠けれハ知りかたし。唐土には今の世に絶えたる宗とも多く侍るにや。八宗の血脈いと筋のことく連なりて、形のことくも今に残れるハわか日本国はかり也。末世の仏法ハ有力の檀那に付嘱し給ふよし釈尊の遺勅あれハ、大檀那たる人ハ八宗いつれをも断絶なき様に外護の心を運ひ給ふへし。その中いつれにても心よせの宗に別して帰依あらん事ハ、一ハ宿習により一ハ所縁に従ふ事なれハ、ともかくもその人の心に任すへし（京都国立博物館所蔵一条兼良自筆『樵談治要』）

ここで、兼良が禅宗と並べて浄土（浄土真宗）を挙げているのは、これが記されたのが文明十二年（一四八〇）であったこととかかわって、当時一向宗が大きく発展していたのを踏まえてのことであった（これについては後述する）。

## 中世後期の権門体制国家

室町幕府の外護を得た禅宗が加わることで、顕密仏教の構造に重大な変化が生じたわけであるが、その背景には中世国家権力構造そのものの大きな変質があった。すなわち権門体制国家の前期から後期への転換である。

その主な特徴として、次の二点が指摘できるであろう。

第一は、中央国家権力の構造の変化である。室町幕府が京都に開設されたことにより、国家権力の主要部分が武家権門によって掌握・独占され、公家・寺社がそれへの従属性を強めた。

第二は、地域支配権力の構造の変化である。

各国ごとに設けられた守護の権限が強化・拡大され、国衙機能が守護権力によって吸収され、また一宮の守護権力への依存・従属性が強まるとともに、その地域支配権力そのものの中央国家権力からの自立性が飛躍的に高まった。そして、室町将軍と各国守護との鋭い矛盾と緊張をはらんだ相互補完関係を基軸に据えて国家権力が作動したところから、中世後期の権門体制国家を「室町幕府―守護体制」とも呼んでいる［川岡勉 二〇〇二］。

こうした中央と地方における国家権力構造の変化にともなって、宗教構造の変化もまた生まれることとなった。すなわち、国家的神社制度の基軸を担っていた一宮制の変質という問題である。

中世の諸国一宮制は、さきにも述べたように、その成立期以来各国国衙との緊密な連携と相互補完関係のなかで機能してきた。ところが、その国衙機能が守護権力によって吸収されるのにともなって、諸国一宮も守護への依存と従属を強めざるをえず、それは世俗政治権力への宗教勢力の従属化という、顕密体制そのものの変質を意味することにもなったのである。

### 三教一致説、根本枝葉花実説

また、右の事情と連動して、別のかたちでも宗教構造に変化が生まれることとなった。

それは、実際の信仰内容や形態というのとは異なり、より原理的な、宗教思想にかかわるもので、三教一致説や根本枝葉花実説などとして知られる「神道」論の浮上・肥大化という問題である。

三教一致説とは儒・仏・道三教一致説のこと、すなわち儒教と仏教と道教はそれぞれ異なるが、その本質は同じだというものである。中国では早くから、とくに唐代に盛んに論じられたが、宋代に新たな儒学（朱子学）が成立し、排仏論（仏教の存在を否定し、これを排除しようとする考え）が激しくなるのにともなって、これに対抗するためにあらためて強調されることとなった。それが、禅宗および儒学思想などとともに日本に伝えられ、そしてその内容が中国のそれになぞらえて、儒教・仏教・神道三者の一致説と理解されることとなった。日本的な三教一致説の成立と考えることができる。

一方、根本枝葉花実説とは、その日本的三教一致説をかねてからの三国世界観を踏まえ、さらに神国思想にもとづいて日本中心主義的に再編成したもので、日本の「神道」を根、中国の儒教を枝葉、インドの仏教を花実と説明する。こうした考えは、『徒然草』で有名な吉田兼好の弟（一説に兄）で、鎌倉末から南北朝期に活躍した天台僧の慈遍《じへん》が創唱したともいわれていて、すでに鎌倉末期の成立になる『鼻帰書《はながえししょ》』のなかに初見する［西田長男　一九五七］。ただし、それが独自の重要な意味をもってくるのは戦国時代の吉田兼倶

になってから で、その点についてはあらためて述べることとする。

ここで注意しておく必要があるのは、禅宗の勢力拡大にともなって、儒学思想がそれと一体をなす形で影響力を強め、そうしたなかで「神道」を儒教・仏教と対比される「一個の自立した宗教・思想」とする認識が広まっていったことである。

これは宋代以後の中国で展開された儒学の側からの激しい排仏論ともかかわって、顕密仏教や寺院からの神社・神祇信仰の自立・独立化を促す大きな要因のひとつになったと考えられ、それが顕密体制の変質・動揺と結び合いながら、いっそう拍車をかけることとなったのであった。

現状では、なお史料的に確認するのが困難であるが、「神道」をそれまでの「シンドウ」「ジンドウ」に代えて、「シントウ」と清音で表記する考えも、仏教との違いを強く意識した、こうした動きと連動して提起され、しだいに広がっていったものと推察される。

### 顕密体制の解体

しかし、以上に見たようないくつかの変化・変質にもかかわらず、顕密体制やその宗教構造そのものに本質的な転換はなかった。それが十五世紀後半以後の戦国時代にいたって大きく変化し、解体することとなる。

それは、次のようなことからうかがうことができる。

まず、中世の正統的宗教としての位置を占めてきた顕密仏教を中心とする宗教構造の解体と転換である。その背景をなす状況については後述することとし、ここでは、

(a)中世を通じて異端として顕密仏教と鋭く対立してきた一向宗(浄土真宗)の本願寺顕如が、永禄二年(一五五九)勅許によって門跡と認められたこと

(b)文禄四年(一五九五)豊臣秀吉が主催した京都東山大仏千僧会において、真言宗・天台宗・律宗・禅宗・法華宗(日蓮宗)・浄土宗・時宗(遊行)・真宗(一向宗)が「新儀」の八宗と定められて、国家的な法会がおこなわれたこと[河内将芳 二〇〇六]

の二点に注目したい。

顕密仏教を基軸に据えた宗教構造が、世俗政治権力の介入によって(その前提に、外来宗教としてのキリシタンを否定的媒介として、宗教秩序の日本的枠組みが再編成されたことにも留意が必要[安藤弥 二〇〇七])、決定的な転換(解体)を見たのを確認できるからである。

次に、国家的神社制度としての二十二社・一宮制、とりわけ中世諸国一宮制が解体したことである。このうち二十二社制は、応仁・文明の乱にともなって中央国家権力機構が

麻痺状態に陥るなかで解体した。

これにたいし、一宮制はその後も機能しつづけたが、戦国大名が登場し、その領国支配体制を強化・拡大していくなかで解体していった。具体的には、「公儀」権力として領国内に絶対的な権威と勢力を誇る戦国大名権力を前にして、宗教勢力としての自立性を否定され、もっぱら大名権力を飾るための政治的粉飾の機能を担わされるにいたったこと、および領国支配の発展のなかで「国」の秩序が形骸化し、「国鎮守」という本来の機能が失われてしまったこと、などによるものであった［井上寛司　二〇〇九］。

さらに以上のような過程と連動しながら、吉田兼倶によって創出された「吉田神道」が大きく発展し、寺院・仏教と神社・神祇信仰との一体的な関係が否定されるにいたったことである。

右の事象を整理すると、
**■中世を通じて独自の機能と役割を担ってきた、顕密仏教を中心とする宗教構造が、その実態を失って解体したこと（荘園・公領制の解体ともかかわる）**
**■宗教勢力（寺社）と世俗の政治権力（公家・武家）との相互補完関係のうえに成り立っていた王法仏法相依論が崩壊し、宗教勢力の世俗政治権力への従属が決定的となったこと**

となり、それこそが中世顕密体制の解体にほかならなかったといえる。

## 吉田兼倶による体系化

ここで、吉田神道の成立について、若干の補足をしておこう。日本の宗教、とくに神社・「神道」の歴史的な変遷について考えるうえで、この問題の正確な理解がきわめて重要だと考えられるからである。

吉田神道とは、京都吉田神社の神主吉田(卜部)兼倶が創出した、「神道」教説について の新たな理論と儀礼の体系、およびそれに基づいて全国の神社・神職を一元的に掌握・統制しようとした、それまでにない新しい宗教システムのことをいう〔井上寛司 二〇〇六〕。それは、次の三点においてきわめて重要な意味をもつものであったと評価できる。

第一に、兼倶によって提起された「神道」論が、それまであった多様な「神社神道」「仏教神道」と異なる、新たな理論的体系性と特徴とを備えていたことである。

さきにも少し触れたように、兼倶は中世成立期以来の「神道」教説を「本迹縁起神道」と「両部習合神道」の二つに分類し、それらがともに誤っているとして「唯一神道」(元本宗源神道)を提起した。その特徴は、

(1)それが、天地の根源、万物の霊性の顕現である大元尊神（天神七代の初代クニノトコタチ）に発し、卜部家の祖先アメノコヤネを経て直接現在まで伝えられてきた唯一至高の「神道」説であること

(2)それが、インドの仏教や中国の儒教と区別・対比される、日本固有の宗教（神道）の教義であること

という意味が含まれていたことにある。

**実践的儀礼**

第二に、それが単なる「神道」教説にとどまらず、独自の体系性を備えた実践的な儀礼の体系でもあったことにある。

兼俱は、「唯一神道」が具体的には顕露教と隠幽教の二面をもつとし、前者が『古事記』『日本書紀』などに依拠する「神道」教説であるのにたいし、後者は「天元神変神妙経」「地元神通神妙経」「人元神力神妙経」にもとづいて立てられた究極秘奥の教えであるとした。そして、後者に対応する十八神道三元三妙三行の加持祈禱法が創出され、それを実践して内外の清浄を実現することこそ重要だと強調された。

ここにいう顕露教と隠幽教との区別と連関というのは、仏教でいう顕教と密教との関係になぞらえたものである。隠幽教の教典とされた三書も、ともに道教や密教思想などにもとづいて創作された架空のもので、実際には存在しなかった。また、兼倶は仏教とは異なる神葬祭という独自の葬送儀礼を考案し、来世の魂のゆくえをも視野に収めた、仏教に対抗できる宗教儀礼の独自の体系化に努めた。

**社会的宗教組織の構築をめざす**

第三に、それが一個の宗教教団ともいうべき、社会的宗教組織の構築をめざすものだったことである。

兼倶は、右の教説を具体化するために、文明十六年（一四八四）吉田神社に大元宮と称する神殿を建て、斎場を造った。そして、八角形の本殿に六角形の後殿を接続させ、その神殿にすべての天神地祇、全国三千余社の祭神を合わせ祭るとともに、みずから「神祇管領長上」「神道長上」などと称し、宗源宣旨や神道裁許状などと呼ばれる文書を発行して全国の神社や神職に位階を授け、あるいは神号を認め、神殿や祭礼・服装に関する認可を与えるなどのことをおこなった。

以上のような特徴をもつ吉田神道の成立は、中国における道教の成立にも比することがで

大元宮の斎場（京都市左京区の吉田神社）
吉田兼倶の構想によって文明16年（1484）に建てられた。現在の建物は慶長6年（1601）の再建である。
兼倶は政治的な人物であり、みずからを権威づけるための策謀をめぐらし、今日の感覚では偽造、捏造とさえみえる文書の作成も辞さなかった。同時代の神官や公家は、そうした兼倶のふるまいを厳しく非難したが、吉田神道は戦国時代以降、全国に広まっていった。

きるもので、その歴史的な意義は次の二点にあったと考えることができる。

**■日本の歴史上初めて、「神道《シントウ》」が儒教や仏教などと対比される日本固有の宗教という意味を担って登場したこと**

**■天皇神話上の神々についての思想的解釈（「神道」教説）もまた「神道」と呼んでいる（「唯一神道」など）こと**

兼倶はみずからの説くところを「神祇道＝神道」と呼んでいて、中世「神道」論との共通性も認められるが、しかし神儒仏三教一致説や根本枝葉花実説をその理論的前提としていたことからも知られるように、仏教に対抗する一個の「自立的な宗教」と捉えているところにそれ以前との大きな違いがあった。

吉田兼倶において、「神道《シントウ》」はそれ以前とは異なる明確に区別された二つの意味を含むこととなったのである。

## 宗教構造変質の四ポイント

以上に見てきた中世顕密体制の解体は、そこで述べた国家と宗教とのかかわりかたの変化とは別に、宗教構造そのものの大きな変化という、より根本的な問題に強く規定されていた。それは、およそ次の四点に整理することができるであろう。

**A　それまで異端とされてきた「新仏教」系諸宗派の大きな発展と勢力拡大**

戦国時代において、それがとくに顕著なのは一向宗（浄土真宗）と法華宗（日蓮宗）で、ともに民衆の歴史的な成長に支えられた村落や都市における自治的な結合（共同体）の発展に対応して、その広範な支持を得て、大きく教線を広げていった。封建領主権力の厳しい支配にたいする抵抗とそれからの解放を求める民衆の運動に、ひとつの精神的な拠りどころを与えたことが、その大きな要因であった。一向一揆などとして知られる、宗教的な絆で結ばれた民衆の抵抗運動が大きな高揚を示したのは、その典型といえる。

**B　そのさらに根底にあった、戦国期特有の宗教的熱狂**

戦乱がうちつづき、もっとも深刻なかたちで日常的に死と向き合わなければならない状況のなかにあって、民衆が現世の安穏と来世への安心を強く求めたのは、ごく自然なことであった。全国六十六ヵ国の霊場（多くは諸国一宮）に法華経の経典を写経して埋納する廻国聖の活動が、十六世紀前半にピークを迎え、あるいは社寺参詣が大きな高まりを見せたなどというのも［新城常三　一九八二］、その一端を示すものといえよう。

また、中世末から近世初頭にかけて、民衆の帰依を得た多数の中小寺社が創建されていったことも注目される［竹田聴洲　一九九六、萩原龍夫　一九六二］。その背景に、荘園・公領制の解体および村落や都市の共同体の発展にともなって、一般民衆の「イエ」が広範に成立していったという事情があった。

土地・家屋などの私産の持続的な所有を踏まえ、「イエ」が社会的機能を果たす一個の単位として法的・社会的に承認される状況が生まれる。そして「イエ」の持続的で安定的な発展を願う立場から、祖先供養を含む葬送儀礼の整備とそのための寺院や、その守護神である氏神・産土《うぶすな》社などの創建が爆発的なかたちで進められたのであった。

**C　日本の歴史上初めて教団（本格的な宗派）が成立した**

教団とは、特定の神仏や教義を信奉する信者を、恒常的な体系性をもつ社会集団として編成した宗教組織のことをいう。これは、それまであった典拠となる仏教経典やその解釈の違いにもとづいて成立する宗派（そこでは諸宗兼学が一般的）とは異なる。

その先陣を切ったのは一向宗の蓮如で、「御文《おふみ》」と呼ばれる、念仏の教義を書簡形式でわかりやすく説いたものを配布して持続的で固定的な信者を獲得する一方、山科本願寺や大坂石山本願寺などを創建して、全国の信者の組織的統一を進めた。やがてそれは、天下統一をめざす信長・秀吉との激しい戦闘（石山合戦）を通じて、いっそう強固な教団組織へと発展していく。また、こうした動きを受けて、法華宗や曹洞宗を始めとする他の諸宗派でも同様の動きが広がっていった。

さきに、吉田神道が、一個の宗教教団ともいうべき、社会的宗教組織の構築をめざしたと指摘したのも、仏教におけるそうした動向を踏まえての、それへの対抗という意味をもつものであったと考えることができる（ただし、吉田神道の場合、神職層の組織化が基本で、信者にまで及ぶものではなく、そこに一向宗など仏教各宗派との違いもあった）。

### D　キリスト教が伝えられたこと

戦国時代に大きく教線を伸ばした一向宗や法華宗などの諸宗派は、もっぱら題目や念仏を唱えるなどの仏教の易行化《いぎょう》と、釈迦や阿弥陀など彼岸の仏への直接的で絶対的な帰依（他力本願）を強調するところに共通の特徴があった。こうした一神教化を通じて顕密仏教のいう世俗化した多数の神仏の呪縛から民衆を解放していったところに、時代の要請に応える新しさと歴史的な重要性もあった［大桑斉　一九八九］。

まさにこうした時期にキリスト教が伝来したのである。

ポルトガル国王の要請を受けて、初代インド管区長としてアジアへの布教に努めていたスペイン人フランシスコ・ザビエルが、日本への布教をめざして鹿児島を訪れたのは天文十八年（一五四九）のことであった。

ザビエル自身は大内義隆らの承認を得て、山口・豊後・府内（大分）などでの布教活動を展開したにとどまったが、それに続く宣教師たちが将軍足利義輝や信長・秀吉などの承認を得て、畿内や西国地方で活発な布教活動をおこない、一五八〇年代には早くもその信者数（キリスト教やその信者は、当時吉利支丹《キリシタン》と呼ばれた）が二十万人、あるいはそれ以上にも達したといわれる。

こうした爆発的なかたちでキリシタンが拡大していった背景には、肥前のキリシタン大名大村純忠《すみただ》や、同じく有馬晴信・大友宗麟などの九州諸大名のように、武器・生糸・絹織物を始めとする貿易の利を求めてみずからキリシタンとなり、領国内での布教に積極的な支援をおこなったなどの事情も考えられるが、しかし高山友照・右近父子のように世俗的な利害を超越した大名もおり、なにより一般民衆にとって、その教義内容そのものが彼らの期待や切実な要求に応えるものであったことが重要だといえる。それは、一仏への絶対的な帰依を説く一向宗などと本質的に共通するものがあり、そこにまた重要な歴史的意義もあった。

同時に、天地創造の唯一絶対の神を信仰の対象にするという、厳格な一神教としての教義内容が、多数の神仏の平和的共存を前提とする日本の宗教と大きく異なるところがあった（質的に異なる外来宗教）のも重要で、そのことが中世から近世への移行にさいして、深刻な問題を提起することにもなった。

# 第三章　近世国家と民衆——「神道」論の新たな展開

## 1　幕藩制国家の成立とキリシタン

### 世界構造の転換が影響

天正十年（一五八二）に京都本能寺で没した織田信長の跡を受けて、豊臣秀吉の手で天下統一が進められ、それに続く徳川家康によって慶長八年（一六〇三）に江戸幕府が開かれた。ここに近世幕藩制国家が成立することとなった。

この中世から近世への転換は、約一世紀半にも及ぶ長期の戦国争乱の結果であると同時に、人類史の新しい段階に対応するものでもあった。この二つの点とかかわって日本の歴史そのものおよび宗教のありかたにも大きな変化が生まれることとなった。

このうち、人類史の新しい段階とは、それまで世界の中心ないし先進文明地域としての位置を占めていたイスラーム社会や中国を中心とする東アジアにたいし、その周縁部ないし辺境として位置づけられてきた西ヨーロッパの諸国が、十五世紀末のイベリア半島におけるレコンキスタ（キリスト教を旗印に掲げ、イスラーム勢力を追放して国土を回復、再征服する運動）の完了とともに、大西洋に乗り出して新大陸を発見するなど、大航海時代を開いて、世界を新しいかたちでひとつに結び合わせるにいたったことをいう。

その動きは、半世紀を経た十六世紀中ごろに日本にも及んだのであった。天文十二年（一五四三）の鉄砲伝来や、同十八年のキリスト教（カソリック）の伝来は、ともにその一環をなすもので、こうした世界構造の変化にどう対応するのかが、真剣に問われることとなった。

これらの課題に応えるかたちで成立した近世幕藩制国家や社会は、いくつかの顕著で重要な特徴を備えることとなった。

まず、組織された軍事力を背景として、武士階級が国家権力の主要部分を独占する、武士中心の国家・社会だったことである。兵農分離と武士の城下町への集住、主従制の原理で結ばれた武士による武力の独占、天下人による戦国大名の武力制圧を基調とする平和の秩序の実現、あるいは武士の官僚制的な編成と彼らによる国家・社会の運営などに、それが示されている。

次に、武力を背景とする国家領域の確定とその維持・確保のための政策が進められたことである。秀吉が天下統一の一環として強行した朝鮮出兵（文禄・慶長の役）は、中世を通じて拡大された国境をまたぐ多民族的な中世民衆の活動成果を、丸ごと日本のなかに取りこむことをめざしたものともいわれ、琉球王国や「蝦夷」にたいする暴力的で強圧的な

「日本」への編入も基本的にはそれと共通するものであった。一方、キリシタンの禁制を名目として進められた海禁政策（いわゆる「鎖国」）は、その延長線上に位置すると同時に、世界構造の変化へのひとつの対応という意味をもつものであった。

## 近世幕藩制国家の特徴

さらに注意すべきは、その閉鎖的な空間領域のなかで、世界に例を見ない高度に発達し、成熟した封建制社会（後期封建制社会）が実現されたことである。

その特徴を列挙すれば、

(1)きわめて生産性の高い集約的な小農民経営の発展
(2)その農民の納める年貢・諸役がすべて公定の土地生産高（石高）で示され、それを現物で納める生産物地代制
(3)村落の自治を前提とした、農民の自己責任による年貢納入制
(4)軍役を勤める武士など、それぞれが果たす社会的な役割（役）にしたがって定められた、士農工商および穢多・非人という厳しい国家的な身分制度
(5)江戸・京都・大坂の三都を中心に、全国の城下町をつなぐ形で編成された領主のための全国的流通市場と、水陸両面にわたる流通・交通路の整備

(6)徹底した法治主義とそれを支える重層的な法体系（幕府法・藩法・村法）の整備
(7)キリシタンの禁制を媒介とする価値観の一元化と、日本型華夷秩序と呼ばれる日本中心主義的な世界観や体制の構築

などとなる。

国家や社会全体の編成にかかわる問題では、

(8)相対的な自立性をもつ地域支配権力としての各藩と、中央国家権力である幕府との相互依存・補完関係のなかで国家権力が作動するしくみとなっていたこと
(9)幕藩制権力が公儀権力として機能するうえにおいて、天皇が独自の重要な役割を担ったこと

が重要である。これは多元的・分散的な中央集権国家としての中世国家の歴史的否定と克服を通じて近世国家が誕生したことのひとつのあらわれであったが、中世とは逆に、中央権力（幕府）が圧倒的な優位を誇っていたところに、近世国家の特徴があった。

近世の天皇は、幕府が定めた「禁中並公家諸法度」の第一条冒頭に「天子御芸能の事、第一御学問なり」と記されているように、幕藩制権力を維持するのに適合的なものへと再編成され、実質的な政治的権限をほとんど喪失したが、しかし将軍権力の超越性・絶対性を支えるうえで、また神国日本としての国家的統合や身分制秩序などを維持するうえにお

いて、不可欠の位置を占めたのであった。これは中世とは性格を異にする、幕藩制権力や領主層のための封建的象徴天皇制と捉えることができるであろう。

### キリシタン禁制と海禁政策

さて、日本の近世とその後の社会、そしてなによりも日本の宗教のありかたにもっとも大きな影響を与えたのは、キリシタンの禁制と幕府の海禁（「鎖国」）政策であった。

前章のおわりで、新しく伝えられたキリスト教が、瞬く間に大きな広がりを示していった背景に、南蛮文化と呼ばれた西洋の文物にたいする興味・関心や、宣教師たちの日本の実状に応じた巧妙な布教法もさることながら、日本の宗教・諸宗派の一神教化という時代状況がかかわっていたと指摘した。キリシタンの教えは、平和で安穏な生活の実現を願う民衆の強い期待と要求に応えるものであった。禁制された当時のキリシタンの数が三十万から四十万人、あるいはそれ以上に達したといわれるのも、その一端を示すといえる。

しかし、キリシタンは教義内容が厳格な一神教である。従来の日本の宗教と質的に大きく異なる。支配層のなかには早くからこれに危惧を抱く者が少なくなかった。永禄八年（一五六五）に、正親町《おおぎまち》天皇の命で宣教師が京都から追放されたのもその一例である。

ただ、信長などは既存の宗教勢力を抑えこむ意図もあって、むしろこれを優遇する側面さえあった。天正三年(一五七五)に、キリシタン大名高山父子らの尽力で、京都四条坊門町に教会堂(南蛮寺)が創建されたのはそのひとつのあらわれである。それが、天下統一の進行にともなって大きく変化していく。

時の権力が公然とキリシタン禁制を打ち出した最初は、天正十五年(一五八七)六月に秀吉が博多で発した、五ヵ条からなる「伴天連《バテレン》追放令」である。秀吉は、キリシタンを神国日本とは相容れない「邪法」だとしてその布教を禁じた。この方針は家康にも受け継がれ、その認識に変わりはなかったが、対外貿易推進のため宣教師の活動を黙認したところから、キリシタン容認を世間に印象づけることとなった。

しかし、その貿易構造も新教国(プロテスタント)オランダやイギリスの台頭によって、変化する。ポルトガル貿易の地位は相対的に低下した。そして、なによりも徳川政権は新しく成立した幕藩体制の整備・確立のために、対外貿易そのものを幕府の強力な支配と統制の下に置く必要があった。

慶長十八年(一六一三)にあらためて「伴天連追放の文」が布告される。それとともに、元和二年(一六一六)にはポルトガルやイギリスとの貿易を長崎・平戸に限定して統制を強化した。

そして、寛永十年(一六三三)以降、

(a)キリスト教、とくに宣教師（バテレン）の取り締まり
(b)外国船貿易の統制
(c)日本人の海外往来の禁止

を内容とする法令を整備し、そのうえに立って同十六年にポルトガル船の来航を禁じ、同十八年にオランダ商館を平戸から長崎出島に移すことにより、近世の海禁体制（「鎖国」）は完成した。

以上のように、近世におけるキリシタンの禁制は、幕藩制国家の体制的な整備・確立過程の重要な一環をなす問題で、キリシタン禁制もさることながら、むしろそれをテコとして幕藩制支配のより安定した体制的整備を推し進めようとしたとも考えることができる。

**世俗権力であったことが……**

では、キリシタン禁制そのものは近世宗教の全体的なありかたとどうかかわるのか。秀吉や家康が発した伴天連追放令では、等しく日本が「神国」「仏国」であり、キリシタンはそれに反すると指摘されている。

また、島原の乱（島原・唐津両藩支配の島原・天草地方で、一度改宗した「立ち返りキリシタン」を中心とする住民と、キリシタン大名有馬氏の旧臣であった土豪らが、天草四郎時貞を首領として苛酷な

支配や年貢負担などに反対して起こした一揆）以後、統一権力に徹底的な抵抗を試みた一向宗になぞらえてその危険性が指摘されている。つまり、その厳格な一神教としての性格、とくにその宇宙観・世界観やそれにもとづく死をも辞さない強固な信仰心のありかたが問題であったといえる（政治的には、武士と農民などの身分差を越えた信仰集団の結成が問題とされた）。

この点について考えるうえで最初に確認しておく必要があるのは、この禁令を発した幕藩制権力が世俗の政治権力だったということである。これはあたりまえのようだがきわめて重要な点である。この観点から問題を整理してみると、それが中世から近世への大きな時代の転換を意味するのみならず、国家と宗教、政治と宗教とのかかわりという点で、古代・中世と近世・近代とを区分する重要な転換を意味するものでもあったのを知ることができる。この点をいま少し立ち入って考えてみることとしよう。

## 2　宗教統制の実態

### 天道思想の登場

戦国時代にあって、それまでの顕密仏教などの体制的な宗教が世俗権力と癒着・一体化し、あるいはそれ自体が世俗権力として機能することにたいする批判として登場したのが一向宗などの一神教的宗教であった。それがあらためて世俗政治権力によって暴力的に抑えこまれた。キリシタン禁制はその最終決着を意味するものだったのである。

江戸時代の幕府権力は公儀と呼ばれたが、絶対的な公的権威、公共機能と公的秩序の担い手という意味で、戦国大名などもまたみずから公儀と称し、他からもそう呼ばれた。こうした公儀観念は社会的な諸矛盾やそれにともなう種々の紛争の調停・解決などを媒介としながら、中世を通じてしだいに発展し、それが近世にいたってさらに整備・体系化されたのであった。

これに対応して、とくに戦国大名などはそれを支える理念として「天道」(信仰内容の如何にかかわらず、すべての人がしたがわなければならない天地自然の法則)をとなえ、天道思想に支えられた世俗的で絶対的な公的権力として寺社勢力と対決した。その意味で、中世顕密体制の解体とは、天道思想に支えられた世俗の政治権力への寺社勢力の屈服にほかならなかったということもできる。地上に祭られる神仏が、絶対的な超越者である天道によって相対化され、その結果として世俗の政治権力への従属にいたったと考えられるのである[横田光雄 一九九九]。

## 秀吉や家康の書簡が意味するもの

戦国時代から近世にいたる間に起こった、この政治と宗教、国家と宗教との関係の変化は、コスモロジー（世界観・宇宙観、ないしそれらについての包括的なビジョンを含む観念や言説）そのものと、そのありようの転換として捉えるのが妥当だといえよう。

そのことを比較的よく示しているのは、キリシタンの禁制にかかわる次の二つの書簡である。

①それわが朝（国）は神国なり。神は心なり。森羅万象、一として心を出でず。（中略）ゆえに神を以て万物の根源となす。この神、竺土（インド）にありては、これを呼びて仏法となし、震旦（中国）にありては、これを以て儒道となし、日域（日本）にありては、これを神道という。神道を知れば、すなわち仏法を知り、また儒道を知る。およそ人の世に処するや、仁を以て本となす。仁義にあらざればすなわち君、君たらず、臣、臣たらず。（天正十九年七月二十五日ポルトガル領印度副王宛秀吉書簡、東京大学史料編纂所所蔵「富岡文書」、原漢文）

②そもそも吾が邦は神国なり。開闢《かいびゃく》より以来。神を敬い仏を尊ぶ。仏と神と、垂迹同

じくして別なし。君臣忠義の道を堅め、覇国交盟の約、渝変《ゆへん》（変化）なきは、みな誓うに神を以て信の証となす。（慶長十七年六月メキシコ総督宛家康書簡、村上直次郎訳注『増訂異国日記抄』、原漢文）

ここには秀吉や家康が「神国」日本や神仏をどのようなものとして理解しているのかがよく示されていて興味深い。

神仏が異次元世界の絶対的な存在ではなく、現世の人間の心のなかにあるもの、かつ「仁義」や「君臣忠義」といった世俗の人間関係・君臣秩序を支える役割を果たすものとされている。こうした神仏の捉えかたは、顕密仏教が提示した中世のそれとは大きく異なっている。此岸（この世）の人間とは隔絶された彼岸（あの世）に住む本地仏が、姿を変えて現世にあらわれるとする、彼岸と此岸との統一のうえに立つ世界観・宇宙観（コスモロジー）から、現世中心主義的なそれへの転換を認めることができる［佐藤弘夫　二〇〇六］。同時にそれは、キリスト教や一向宗などが、人間とは隔絶された神仏の存在やそれへの絶対的帰依を強調するのとも異なっている。

以上を要するに、本地垂迹の論理にもとづいて構築されていた中世顕密体制の解体は、垂迹神の側に視点を据えて再構成された多神教的・現世中心主義的なコスモロジーと、本地仏の側に視点を据えて再構成された一向宗やキリスト教などの一神教的・彼岸中心主義的なそれとに大きく分裂し、鋭く対立するにいたったといえる。そして、この対立は天下統一の一環として、武力を背景とした暴力的なかたちで、前者による後者の否定・排除として決着がつけられたのであった。長島一向一揆の鎮圧など、天下統一を進める信長によって、数万人にも上るといわれる一向宗門徒の凄惨な殺戮《さつりく》がなされたのはその一端を示すもので、キリスト教が秀吉・家康によって一方的に「邪法」と決めつけられ、多数の殉教者に加えて、その布教そのものを禁じられたところに、その完成形態を見ることができるのである。

### 従属への道、世界観の破綻

中世から近世への移行にともなう、この政治と宗教、国家と宗教とのかかわりの転換については、次の二つのことに注意しておく必要がある。

ひとつは、世俗権力によるコスモロジーの暴力的な独占ともかかわって、宗教世界のもつ独自性・自立性そのものが否定されたことである。

顕密体制への批判のなかで成長を遂げた一向宗などにあっては、蓮如の称えた「王法為本」(信仰生活と区別される世俗的な生活では国法にしたがうこと。「仏法為本」と対をなす概念)のスローガンに示されるように、世俗的な政治世界のもつ独自性を認めることを通して、それとは区別された信仰世界のもつ独自性・自立性の確保を強く求めた。しかし、彼岸中心主義的な世界観が受け容れられなかったように、それと緊密に結び合った信仰や宗教の政治からの自立・独立もまた封じこめられ、この両面において宗教の政治への従属が決定的となった。近世における、二元論的な「真俗二諦」論の成立〔平田厚志 二〇〇一〕は、それを象徴するものであったといえる。それは、信仰生活と日常の世俗生活とを明確に分離し、弥陀への純粋の信仰（仏法）を心のなかにのみ止め、日常生活では世俗権力が提示する宇宙観・世界観などを含め、そのすべてを受け容れて統治（王法）にしたがうというものので、ここに宗教勢力の世俗権力への果てしない従属への道が開かれることとなった。

もうひとつは仏教的な三国世界観の破綻という問題である。キリスト教などのヨーロッパ文明との出会いは、中世を通じて支配的であった仏教的世界観としての三国世界観を一挙に崩壊させることとなった〔平雅行 二〇〇八〕。中世顕密体制崩壊のもっとも直接的な原因がここにあったともいえる。

ところが、以下に述べるように、実際には近世にあっても仏教は依然として体制的宗教の中核に位置し、三国的世界観もまた神儒仏三教一致説などの形で重要な意味を担いつづけた。それが可能であった大前提に「鎖国」があった。すなわち、幕藩制権力による「鎖国」政策を前提としてのみ、仏教は体制的宗教としての地位を保ち得たのであって、近世仏教やその仏教思想に基軸を置く諸宗教の幕藩制権力への屈服と従属は、この点においてまさに宿命的なものとなったのであった。

### 仏教教団（宗派）の近世的再編

戦国期に宗教教団（宗派）としての実態を備えはじめた仏教では、幕府が宗派ごとに本寺・末寺制度を通じて全国の寺院や僧侶を統括する方針を提示したところから、それが近世寺院制度の基本的な枠組みとされるとともに、宗派ごとの分立という、今日の日本仏教の基本形態が整えられることとなった。

幕府では、当初慶長六年（一六〇一）の「高野山法度」を始めとして、同十九年（一六一四）までは有力寺院ごとに法度を出し、末寺・僧侶を統括しようとした。しかし、元和元～二年（一六一五～一六）に各宗派本山あてに寺院法度が出されたことで（法華宗と真宗を除く）、それまで曖昧であった宗派・本山が確定され、近世寺院制度の基本骨格が成立した。

同時に、幕府が私寺（本山の認可を得ない寺院）の建立と新儀・異流を禁じ、僧侶・信徒の階層・身分格式を固定化して教義・信仰の制度化を図ろうとしたところから、新寺の建立はもちろん、新しく宗派を立てることも不可能となり、基本的には第二次世界大戦の終結にいたるまで、いわゆる十三宗五十六派に固定されることとなった。
十三宗とは、

法相宗　律宗　華厳宗
天台宗　真言宗
融通念仏宗　浄土宗　真宗（一向宗）　時宗
臨済宗　曹洞宗
日蓮宗（法華宗）
黄檗《おうばく》宗

をいい、このうち黄檗宗は承応三年（一六五四）に隠元隆琦《いんげんりゅうき》が新たに明から伝え、寛文元年（一六六一）に京都に万福寺を開いたものであった。

一方、幕府はキリシタン禁制の観点から、住民の宗旨を定期的に調査する宗門改《しゅうもんあらため》を実施し、しだいにそれが住民の戸籍調査としての性格を主とするものとなっていった。そしてそこから、永続的な葬祭の関係を結んだ檀那寺と檀家の結合をもとに、幕府が民衆の掌握・統制と宗教統制をおこなう寺請《てらうけ》制度（寺檀制度）が成立することとなった。

幕府は、踏絵（キリスト像などを踏ませること）や訴人奨励とともに住民の宗門改によるキリシタンの摘発をおこない、寛永十一年（一六三四）ごろからは宗門人別帳（寺院が檀家であることを個人ごとに証明した帳簿)を作成するようになった。

とくに島原の乱鎮圧後の寛永十七年(一六四〇)には、幕府に宗門改役が置かれ、寛文四年(一六六四)には諸藩にも設置が命じられた。翌五年(一六六五)に日蓮宗不受不施派《ふじゅふせ》(文禄四年〔一五九五〕の大仏千僧会への出席を拒否し、その後江戸幕府から邪教として禁圧された日蓮宗の一派)の寺請が禁止され、寛文十一年(一六七一)に宗門人別改帳の作成が義務づけられたことで、制度的にも確立された。

その結果、結婚・出産・死亡・出稼ぎ・奉公などによる戸籍の変更時はもちろん、旅行などの移動のさいにも身元証明として檀那寺の発行する寺請証文(宗旨手形ともいう)が必要とされることにもなった。

## 吉田家の優位は揺るがず

幕府による民衆統制と宗教統制が仏教を基軸に据えるかたちで整えられたことから、他の宗派にたいしてもこれに準ずるかたちでの編成・統制がおこなわれることとなった。

神社に関しては、諸宗寺院法度が発せられた寛文五年(一六六五)に、同じく諸社禰宜《ねぎ》神主法度(神社条目)五ヵ条が発令され、全国の神社と神職に統制が加えられることとなった。この法令は、神職が官位叙任を受ける場合、従来からつながりのある公家をもつ二十二社などの有力神社を除くその他の中小神社、および各種装束の着用などにさいしては、いずれも吉田家の許可証を必要とするというものである。

江戸幕府は、戦国期に吉田兼倶によって体系化された吉田神道を公認し、その吉田家を神職の本所と定めることによって神社・神職の掌握・統制をおこなおうとした。吉田家が「神祇管領長上」などと称していたように、吉田家が神祇官および神祇道（神道）を代表する存在であると、幕府が認定したことを示すものにほかならない。近世中期には、吉田家に対抗するかたちで神祇伯白川家が台頭し、神職の本所が吉田・白川両家に分裂することとなるが、天明二年（一七八二）に諸社禰宜神主法度が再度発令されるなど、近世を通じて吉田家の圧倒的な地位が揺るぐことはなかった［井上智勝　二〇〇七］。

## 山伏、陰陽師の場合

修験道に関しては、慶長十八年（一六一三）の家康の裁許によって、聖護院門跡と醍醐寺三宝院門跡がそれぞれ本山派・当山派の本山と認定された。また元和四年（一六一八）には偽山伏が禁止され、本山に登録されない山伏の存在が否定された。これにより、本末編成が進められていった。延宝年間（一六七三〜八一）には修験道の宗派内法度も成立し、階層序列も整備され、教団としてのまとまりを形成した。本山派・当山派ともに、山伏たちは役銭のともなう入峰修行が義務づけられ、修行の後に院号・僧官位・袈裟などの補任が門跡や院家からなされることで、山伏としての身分が得られるしくみとなっており、虚官や補任状を受けないものは、厳しく取り締まられた［高埜利彦 一九八九］。

陰陽道の場合は、やや遅れて天和三年（一六八三）に土御門家《つちみかど》（平安時代の安倍晴明の末裔）が陰陽道支配を命じる霊元天皇の綸旨《りんじ》と、これを認める将軍綱吉の朱印状を得て、諸国陰陽師の編成に乗り出した。

土御門家では、天和三年に河内・摂津・尾張三国に各一名の触頭《ふれがしら》（幕府の法度・触書を末端に伝える役職）を、また江戸にも四名の触頭を任じ、彼らを通じて全国の陰陽師編成を試みた。その後しばらく土御門家による編成は停滞したが、宝暦年間（一七五一～六四）以降、あらためて組織化を全国に拡大するとともに、弛緩した組織の活性化を図るため、全国触れを出すよう幕府に要請。寛政三年（一七九一）、幕府は土御門家による全国陰陽師支配の触れを出すにいたった［同右］。

## 庶民信仰の実態

江戸幕府は、寺院を中心としながら本山・本所―末寺・末社という、いわばタテ割りで宗教・宗派を掌握・統制しようとし、十七世紀後半の寛文～元禄期ころにはある程度その組織化に成功した。しかし、こうしたかたちでの宗教統制が一般庶民の信仰のありかたに根本的な変化をもたらすことはなかった。

たとえば寺院の場合、寺請制度の確立にともなって檀那寺と檀家との関係が固定化され、各檀家がそれぞれ特定宗派の寺院に所属し、その檀那寺とのあいだに恒常的な関係を保つこととなったが、しかしそれは庶民の信仰対象が特定宗派や寺院に固定化されたことを意味するものではけっしてなかった。

とくに都市部などでは、寺檀関係から閉め出された新興の寺院などが、本尊の霊験を説いて諸病平癒や商売繁盛・五穀豊穣・除災招福などさまざまなレベルの願いに応える祈禱寺として機能したところから、「朝に観音夕に薬師」などの口碑に示されるように、一般庶民は葬送儀礼を掌《つかさど》る檀那寺（回向寺）を含め、多数の寺院とさまざまな形でかかわりをもつというのがごく一般的なこととなった。

それは神社についても同じで、流行仏と並んで流行神を祭る多数の神社が賑わい、氏神についても、いくつもの階層性を以て複数の神社が民衆と結び合っているというのが実際であった。

神社では神職もまた檀那寺をもち、吉田家と結ばれているのは神主や禰宜など神職のうちのごく一部で、それと関係のない神職も多く、他方では本末関係で結ばれた神宮寺や僧侶も存在し、従来どおりの「神仏習合」にもとづく年中行事も催された。とくに、兵農分離による領主層の村落からの退去にともなって、民衆が主体となった寺社の再建や祭礼が執りおこなわれるようになり、多様な階層性を背景としていっそうの賑わいを示すこととなった。

また、山伏や陰陽師などの多様な宗教者が、これまた民衆の多様な世俗的・宗教的要求に応えるかたちで活発な活動を展開し、民衆とのあいだにさまざまなパイプを構築していった。

このように、幕府が邪教と定めたキリスト教や不受不施派などの信仰が禁じられた、あるいは必ず檀那寺をもつことを義務づけられたなどの制約があるとはいえ、民衆の信仰のありかたに本質的な変化は認められず、時と処に応じて適宜使い分けながら多様な神仏を信仰の対象にするという、中世以来の「融通無碍な多神教」の実態が基本的には保持されたと考えることができる。

### 宗教儀礼の社会的習俗化

檀家制度の確立にともなって、個々人の信仰の如何にかかわらず、イエを単位として永続的なかたちで特定宗派の寺院とのあいだで葬送儀礼を執りおこなうことが定められた結果、人間の死という宗教儀礼のもっとも根幹にかかわる重要な問題が個々人の内面的な信仰心と切り離され、儀礼化・形式化されることとなった。

来世の問題が内面的な信仰とは別の問題として切り離されることによって、葬送儀礼はもちろん、多様な神仏にたいする信仰活動もまた世俗的な生活の一部（社会的儀礼）として受けとめられることにもなった。

もちろん、こうした変化が生じたのは檀家制度の成立だけに原因があるのではなく、より本質的には中世から近世への移行にともなう「平和の秩序」の実現・定着や、生産力の発展にともなう持続的でより安定した生活の実現などが、死への切迫した恐怖心を取り除いたという事情もあったと考えなければならない。実際には、死への恐怖心が遠のくなかで檀家制度が整えられ、それによっていっそう人びとの来世への安心感が高まり、現世の生活の享受へと向かわせることを可能にしたと考えることができよう。

中世の現世＝「憂き世」が近世の現世＝「浮き世」へと転換する。近世人のもつ現世中心主義的な価値観はこのようにして生まれたものであったといえる。

幕府のさまざまな権力的宗教統制や変化と連動しながら、宗教儀礼の社会的習俗化が一挙に進められることとなったのである。

## 3　儒学的「神道」論の発展

### 幕藩制権力が直面した思想的課題

中世から近世への移行にともなう宗教構造の変化という点で重要なのは、それは、現世の世俗世界そのものを見据え、その社会的統合を図るための思想的な検討が、種々の宗教教義などとのかかわりを踏まえながら独自に展開されたことである。

この問題は、歴史的には戦国時代に提起された戦国大名の絶対的な政治支配を支える天道思想を、いかに理論的に整備・発展させ、幕藩制国家・社会にふさわしい理論構築をおこなうのかという、すぐれて政治的な性格をもつイデオロギー論というべきもので、前節で述べた各種宗教団体が展開する宗教活動や一般庶民の信仰生活とは明らかに次元を異にしている。しかし、それが宗教とのかかわりで論じられたところに近世社会の特徴があった。幕藩制権力が民衆を安定的に掌握・統制していく際に直面し、緊急にその解決を求められた課題と密接に結び合う問題だったからである。

この点でとくに重要なのは次の二つである。

(a)民衆にたいして世俗の政治権力（幕藩制権力）の正当性と絶対性を認めさせ、その秩序への服従を誓わせること。

(b)たんに支配にしたがうというだけでなく、民衆自身が主体的・積極的にその秩序を担い、それに参加するよう促すこと。

いったい、なぜこうしたことが問題となったのか。

(a)についていえば、一向宗や法華宗などの一神教的宗教の発展にともなって、弥陀と信者、現世と来世とを直接結び合わせ、そうした観点から現世を捉える認識方法が民衆のあいだでも大きく広がっていたからである。しかし、それは一向一揆の鎮圧からキリシタン禁制にいたるあいだに、政治的にはすでに武力的制圧によって決着がついたといってよい。問題は(b)である。世俗の幕藩制権力の絶対性・正当性をそれとの関係においてどう説明し、中世を通じて成長を遂げた民衆に納得させるのか。民衆は日常道徳の実践主体として登場しつつあり、彼らの能動性・主体性を支配秩序の維持へと動員し再編成することが強く求められていた。

近世前期において、こうした課題に応えようとしたのが仏教と儒学・神道である。以下、それぞれについて、簡単にながめておくこととしよう。

## 鈴木正三

まず仏教であるが、その代表的なものとして、鈴木正三《すずきしょうさん》の職分仏行説をあげることができる。これは正三の没後、寛文元年（一六六一）刊行の『万民徳用』（鈴木鉄心編『鈴木正三（石平）道人全集』）のなかで、被支配身分である農民・職人・商人などの民衆を対象として論じられたものである。正三は、天道の原理にもとづいて、身分や家職を絶対不変のものとして、支配秩序の絶対不変性を説く一方、「世法則（即）仏法」、すなわち現世の家職に励むことがそのまま来世への保障となる仏行だとして、民衆の内面的な主体の形成と同時に、家職を通じて社会的秩序に主体的に参画することを促している［倉地克直　一九九六］。

この正三の論は、じつは儒学の側からの排仏論・仏教無用論に対抗して提起されたものだった。正三は、「仏法」がなくては「世法」もおこなわれがたいとし、幕藩制国家が直面する思想的課題に的確に応えることによって、幕藩制成立期における中心的な政治支配イデオロギーとして重要な役割を果たした。体制的宗教の中核的な位置を占めた仏教が、支配イデオロギーとしても、それにふさわしい役割を果たしたことを示すものとして注目される。檀家制度のスムーズな整備というのも、こうした思想に支えられてのものであったと考えることができよう。

## 五倫五常ノ道ヲヨク立ルニシクハナシ

これにたいし、儒学では仏教と逆の論理、すなわち「現世なくして後生（来世）なし」との観点から、仏教思想に対抗して、儒学思想にもとづく天道理念の独自の理論的展開がめざされた。松永尺五《まつながせきご》の『彝倫抄《いりんしょう》』の次の一節は、その代表的な一例といえる。

先《まず》一心ヲタヾシクシテ、主君ニモ忠奉公ヲツクシ、父母ニヨク孝行ヲツクシテ、仁義礼智ノ道ヲ行ヒタラバ、今生後世トモニナドカタスカラザルベキ。（中略）仏論ニモ「現世安穏後生善所ヲ専《もつぱら》トシ、今生ノ果ヲ見テ過去未来ヲ知《しる》」トアレバ、今生ヲ肝要トスルトミエタリ。（中略）サアレバ五倫五常ノ道ヲステヽ不忠不孝ヲスルモノハ、此世ヨリ禽獣ノ心ヲウケテ、因果ノクルシミニアフベシ。（中略）今生ヲヨク行ハントオモハヾ、五倫五常ノ道ヲヨク立ルニシクハナシ。（日本思想大系『藤原惺窩・林羅山』）

天道は現世と来世をともに支配するもの、そして現実の支配関係はその天道の秩序が現世にあらわれた絶対的なもので、人はその天道の道（五倫＝君臣・父子・夫婦・長幼・朋友の間柄で守るべき道と、五常＝人の守るべき、仁・義・礼・智・信の五つの徳目）を誠実に実行することによってのみ来世の安穏を得ることもまた可能となる。これが、仏教に対抗して儒学が提示した、世俗社会に軸足を置いた倫理道徳論だったのである。

## 「神祇道」からの脱皮

ところで、近世においては儒学と神道とが、一体的な関係のなかで発展を遂げることとなった。ともに世俗社会に視点を据えている点、また仏教や仏教思想との対立・競合のなかで自己形成を進めた点で、もともと両者には共通したところがあった。

第二章で述べたように、中世末期の吉田兼倶による唯一神道論の提起によって、「神道」教説の独自の理論体系化が図られ、一個の自立した思想としての姿をあらわした。しかし、兼倶にとっては「神道」教説の理論体系化より、むしろそれを踏まえた、仏教に対抗できる独自の宗教組織の構築こそが最重要課題であったことから、その理論体系化それ自体はきわめて不充分なものにとどまった。兼倶のいう「神道」は、「神道」教説よりも「神祇道」に力点を置いたものであったといえる。

それが、近世への移行にともなって、宗教一般とは区別された政治・社会思想が独自の重要性をもつようになり、またそれに対応して儒学が独自の発展を遂げるなかで、「神道」教説の新たな理論化が進み、「神祇道＝神道」とは区別された、政治・社会思想としての「神道」が明確なかたちで登場することとなったのであった。

理論化は林羅山《はやしらざん》によって着手された。

羅山は、兼倶のいう唯一神道論が「道の教え」ではないと批判し、儒学思想にもとづいて組み替えた神儒合一論としての「理当心地神道」を提起した。それは、「(神武以来)帝王御一人シロシメス神道(=王道)」こそが神道だというものである。これを受けて、吉田神道でも吉川惟足《よしかわこれたり》が儒学を神道の立場から包摂するかたちで説いた神儒一致の神道説「吉川神道」を唱え、度会延佳《わたらいのぶよし》も儒学思想を取り入れて「伊勢神道」の近世化に努めた。中世伊勢神宮の「神社神道」が「伊勢神道」の名で呼ばれるようになったのは、こうした状況のなかでのことであった。

そして、山崎闇斎《やまざきあんさい》が儒学と対比するかたちで「垂加《すいか》神道」(朱子学と吉田神道・伊勢神道などを融合させた独特の神道論)を提起したことにより、政治・社会思想としての「神道」の位置は揺るぎないものとなった。これ以後、一方に宗教組織・儀礼体系としての吉田神道が存在するとはいうものの、「神道」といえばもっぱら「神道」教説としての政治・社会思想を指すこととなり、かつそれは中世のようにきわめて抽象的で曖昧なものではなく、天皇や将軍による統治という世俗的で現実的な政治的意味を強く帯びたものとなったのであった。

## 「日本型華夷秩序」

政治・社会思想としての「神道」論浮上の背景には、それを促すもうひとつの大きな要因があった。華夷変態と呼ばれる、国際環境の大きな変化である。

日本の南北朝時代に成立し、その後三百年近くにわたって続いてきた中国漢族の国家＝明に代わって、異民族である満洲族の征服王朝＝清が一六四四（寛永二十一＝正保元）年に中国全土を支配するにいたった。

その成立当初から、先進文明国である中国（明）にたいし「日本型華夷秩序」と呼ばれる自国中心主義をとなえてきた幕藩制国家の支配層にとって、清王朝の成立は中国漢文明の衰退と映り、「日本固有の宗教・思想＝神道」という虚偽意識の拡大と、儒教・儒学にたいするその相対的な地位の向上をもたらすこととなった。

「日本型華夷秩序」とは、武力を背景とする海禁政策を踏まえた、古代の「小帝国主義」の近世版ともいうべきもので、蝦夷地を「異域」、琉球を「異国」として組みこむと同時に、朝鮮を「通信国」、オランダ・中国を「通商国」などと称してそれぞれ区別することにより、江戸を中心とする日本を強大な一個の完結した世界と見せるための観念的な装置にほかならなかった［荒野泰典　一九八八］。

山崎闇斎が、当時中江藤樹《なかえとうじゅ》や熊沢蕃山《くまざわばんざん》など多くの儒者がとなえていた神儒合一論にもとづく、中国などを含めた普遍的な「神道」と明確に区別・分離し、日本固有の「神道」を「現人神《あらひとがみ》」天皇への絶対的忠誠とそれにたいする死後の救済（この教説を伝授された者だけが、祭神として「八百万の神の下座につらる」なる）というかたちで垂加神道を説いた［前田勉　二〇〇二］のも、こうした時代状況に対応するものであった。

### 荻生徂徠と「神道」

十七世紀末から十八世紀の日本は、八代将軍徳川吉宗が実施した享保の改革に代表されるように、幕藩制社会が政治・経済・社会の各方面にわたってさまざまな矛盾を抱え、その支配体制の抜本的な立て直しを求められた時代に当たっていた。こうした状況のなかにあって、政治・社会思想の分野においても大きな変化が生まれることとなった。

儒学の分野では荻生徂徠《おぎゅうそらい》が登場し、それまで中心的な位置を占めてきた朱子学を厳しく批判し、古文辞学《こぶんじがく》を提唱した。

これは、中国明代の新しい学問方法（古文辞学）を六経（孔子など古代の聖人が述作した六つの儒教の経典）の解釈に応用することによって、孔子の原意の正しい理解に努めるというもので、道は聖人が作った治国のための礼楽刑政（制度や文化）の総称だとするのが、その基本的な考えかたであった［子安宣邦　一九九〇］。

こうした考えにもとづいて、徂徠は自国中心主義的な垂加神道にも厳しい批判を加え、それはさらに日本の「神道」そのものにたいする批判へと発展していった。彼が「神道ト云コトハ、卜部兼倶ガ作レルコトニテ、上代ニ其沙汰ナキコトナリ」（『太平策』）といい、その弟子太宰春台《だざいしゅんだい》が「今の世に神道と申候は、仏法に儒者の道を加入して建立したる物にて候。兼倶は神職の家にて仏道に種種の事あるを見て羨しく思ひ、本朝の巫祝（神職）の道の浅まなるを媿《は》ぢて、七八分の仏法に二三分の儒道を配剤して一種の道を造り出し候。いはゆる牽強付会と申物にて候」（『弁道書』）など指摘したのは、ともにこれを示すものである。

これらの指摘は、儒学思想のもつ普遍性を前提とし、その立場から幕藩制支配の再構築をめざそうとするものであったといえるが、日本の「神道」の独自性や重要性を強調する立場からはとうてい容認できないものとして激しい反発が起こった。徂徠の『弁道』や太宰の『弁道書』にたいする多数の批判書が出されたのは、そのためであった。

やがて、徂徠らが、儒教を「聖人が乱れた世を正すために人為的に造り出した道」だとしたことを捉えて、日本にはあらためてそれを定めるまでもなくもともと備わっていたとする考えが生まれてくる。

それが国学である。

## 4　国学そして国体論

### 宣長から篤胤へ

国学というのは、儒学における古学派（古文辞学）の成立とほぼ並行して起こった、日本の古典や古代史についての新たな学問とそれにともなう思想運動のことである。契沖《けいちゅう》に始まり、荷田春満《かだのあずままろ》を経て賀茂真淵《かものまぶち》・本居宣長《もとおりのりなが》へと継承されるあいだに、「復古神道」と呼ばれる新たな「神道」論としての実体を備えることとなった。

国学の大成者とされる宣長は、「神道」を日本に固有の「神の道」（「皇祖神〈アマテラス〉の始め賜ひたもち賜ふ道」）であり、日本の社会に固有の習俗＝生活規範として存在したものだとし、それには本来「道」という名称がなかったが、外国の書籍が渡来して以後、外国のそれと区別するために「神の道」と名づけられたものだと論じた。そのことから、「神の道」を正しく理解するためには、「人事を以て神代を議《はか》る」のではなく、「漢意《からごころ》」（中国の国風に感化されて、理論的・合理的に神代を解釈しようとする傾向）を排し、「神代を以て人事を知る」ことが必要だとして、神々の事蹟を伝承として直接伝えるとされる『古事記』をとくに重視し、その文献学的注釈書『古事記伝』を完成させた。

宣長のこの問題提起は、以下の点で重要な意味をもち、その後に大きな影響を与えることとなった。

まず、詭弁的な手法によるとはいえ、「漢意」排除の論理によって、日本の「神道」の儒学や仏教など外来思想からの自立化が一挙に実現されたことが注目される。すなわち儒学思想によって理論的な成長・発展を遂げた「神道」が、その換骨奪胎を通じて、日本の「神道」として一定の理論的達成と自立とを遂げたのである。

そして、文字どおり「日本の道」としての「神道」が成立したのにともなって、国学的「神道」論はその後における政治・社会思想の中心的な位置を占めるにいたった。

また、これまで一貫して古代天皇神話理解のもっとも中心的な位置を占めてきた『日本書紀』に代わって、以後『古事記』がそれと並ぶ、あるいはそれ以上に重要な位置を占めるようになった。今日いう記紀神話がここに成立した〔神野志隆光　一九九九〕。

宣長の跡を受けて、平田《ひらた》篤胤《あつたね》はこれをさらに発展させ、国学的「神道」（復古神道）論を新たな方向に導いた。

篤胤の思想の特徴は、宣長と異なって、霊魂の救済という観点から死後の安心を論じたことにある。篤胤は、人間は死後オオクニヌシの主宰する幽世（幽冥界）に行き、そこでオオクニヌシの審判を受けるとし、そしてアメノミナカヌシを主とする造化三神を万物の生成発展の根源とするなどの国学的宇宙論を展開した。その結果「神道」教説そのものが顕著な宗教性を帯びるにいたった。平田派国学が地方の豪農層や神官のあいだに広まり、幕末の尊王攘夷運動に大きな影響を与えたとされるのも、こうした理論的・思想的な特徴と深く結び合っていたからである。

そして重要なことは、この宣長・篤胤によって、宗教の装いをもった民衆統治のための政治支配思想（宗教的政治イデオロギー）としての「神道」が、ここに明確なかたちで整えられたことにあった。

## 吉田神道批判

これより先、尾張国名古屋東照宮の神主吉見《よしみ》幸和《ゆきかず》は、神職の本所吉田家との対立を契機として、吉田神道にたいする厳しい批判を展開した。

吉見がそこで用いた方法は、確実な歴史史料を踏まえ考証をおこなうというもので、一般に国史官牒主義と呼ばれている。こうした研究方法が登場した背景には、右に見たような儒学界の古学的傾向や契沖の古典研究などの影響があったと推察され、この時期に共通して認められるひとつの大きな特徴であった。

吉田神道にたいする、本格的な批判は伊勢外宮の神官度会延佳によって着手され、吉田家が出自を偽り、経歴を飾っていることを、国史官牒を駆使し実証的に暴露した。吉見は、これを敷衍《ふえん》しながら、さらに発展させた。

吉見をはじめ、彼と親交のあった尾張藩士天野信景《さだかげ》など、この当時の「神道」学者たちが共通して明らかにした吉田神道批判の主な論点は以下のとおり。

(1)吉田神道の理論的骨格をなす「神道」論そのものが疑問

(2)吉田家の神職の本所としての活動根拠に問題がある

吉田家では、かねてより兼倶の称えた唯一神道論を神代直伝・唯一無二と主張してきたが、実際には、その行法を含め、いずれも仏教や道教などからの借用で、真正のものとは認めがたいとされた。また、吉田家による官位執奏や神祇官を代表するかたちでおこなわれてきた種々の活動が厳しく糾弾された。

とくに(2)は、当時の公家社会における復古主義的な動向や天皇権威の浮上とも連動する問題で、吉田家はこれらの批判を機に多くの既得権を剥奪されることとなった。十八世紀中ごろに、新たに神職の本所として神祇伯白川家が登場してくるのも、その流れのなかにあった［井上智勝　二〇〇七］。

ただし、さきにも指摘したように、だからといって幕府によって公認された吉田家の神職の本所としての圧倒的な地位が否定されたわけではなく、幕末期にいたるまでその体制は基本的に維持された。

**深刻な変質**

むしろ重要なのは、この吉田家批判の過程を通じて、吉田神道そのものが大きく変質していったことにこそあるといえよう。厳しい批判にさらされた吉田家は、吉見らの主張を受け容れて「我国天照大神の道を神道といへる」(『神業類要』、『神道大系』論説編)というように、「神道」そのものについての解釈を転換させたのである〔同右〕。

兼倶以来、吉田家では神祇祭祀を主体とする「神祇道」を「神道」だと主張してきた。それを「天照大神の道」と読みかえることとなったわけで、それは宣長などの主張と本質的に異なるところがなかった。これは、神祇信仰や神社祭祀をそれ自体に即して理論体系化する道が封殺され、天皇あるいは天皇中心主義的なかたちでその理論的整備が図られる方向を決定的なものにしたという点で、歴史的にもきわめて重要、かつ深刻な意味をもつものであったといわなければならない。

吉見幸和が、

神道は、天皇の行ひ給ふ祭政を、百官の輩命を奉《うけたまわ》りて勤るのみ。仍《よっ》て臣下として神道を行ふと云べからず。（中略）俗学の輩、神を祭《まつる》のみを神道と心得るはあやまり也。祭政の二つともに神道ゆへ、神職の者も文武の官人も、共に官職位階を給りて、天皇の道を守り、是を勤仕す。（「恭軒先生初会記」、日本思想大系『近世神道論・前期国学』）

と述べているのは、このことと密接にかかわる。つまり、神社祭祀そのものも天皇統治権の一部と理解されるにいたっていることを、それは示している。吉田兼倶によって切り開かれた、神社祭祀・神祇信仰を一個の自立した宗教として構築するという方向性は、この点でもその道を封殺されることとなったのである。

## 会沢安の国体論

十八世紀末から十九世紀の日本は、寛政の改革や天保の改革とその失敗、あるいは幕藩財政の危機や打ちつづく災害・飢饉、一揆・打ちこわしの激発などに示されるように、幕藩体制が深刻な矛盾を抱えて動揺を深める一方、ロシアを始めとする諸列強が相次いで日本に押し寄せ、強力に門戸開放を迫るなど、幕藩体制の維持そのものが大きな困難に直面する時期に当たっていた。こうしたなかで、日本の宗教や政治・社会思想にも大きな変化が生まれることとなった。

まず、政治・社会思想の問題から考えてみよう。この時期のもっとも重要な変化は、日本が内外の深刻な危機に直面するなかで国体思想が登場してきたことである〔安丸良夫 一九八六〕。

中国の古典に由来する「国体」の語は、本来は国の組織や形態、あるいは対外的な国家の体面を意味し、そうした用例は日本の古代や近世前期の儒者にも見られた。

この語が、天皇統治の固有の伝統に根ざす、日本の民族的特殊性を意味する語として使われはじめるのは十八世紀後半以降のことである。国家の起源を記紀神話に求め、自国の尊厳と優越を説く論理や思想を国体論、国体思想と呼んでいる。後期水戸学（十八世紀末以後の、藩主徳川斉昭《なりあき》を中心とする、幕末期の尊王攘夷運動の理論的支柱となった水戸藩の学風）、とりわけ会沢安《あいざわやすし》（正志斎《せいしさい》）の著書『新論』（文政八年〔一八二五〕成立）において、その理論的体系化が進められた。

会沢は、日本が直面する困難な事態を「内憂外患」として捉え、記紀神話にもとづく忠孝建国の理念と、それを守りつづけ国体を維持してきた日本人の歴史上の道義性にもとづいて、万世一系の天皇が統治する日本の優越性を論じ、国体による日本の国家統一の論理と、それを実現するための祭政教一致の政治原理などを説いた。これを受けて、藤田東湖は国体の尊厳を謳《うた》い、国体は後期水戸学の核心的理念として、その後の政治変革をめざす全国の志士たちに大きな影響を与えることとなった。

## 祭政教一致へ

このような特異な思想が登場してくる背景には、それを支えるいくつかの歴史的条件が存在した。

とくに重要な論点として、次の三つが指摘できよう。

その第一は、幕末から明治維新にいたるこの間の歴史過程が、新たに成立した資本主義世界システムのなかに日本が組みこまれるという、人類史規模での未曽有の歴史的転換の一環を構成していたことである。

十八世紀中ごろにイギリスで達成された産業革命は、西ヨーロッパやアメリカ合衆国を中心として瞬《また》く間に世界をひとつの市場につなぐ世界システムとして発展を遂げていった。明和、安永、天明、寛政期以後、異国船の出没がさかんに繰り返されたのは、その世界システムが日本にも及んできたことを示すものにほかならなかった。

第二に、この新しい世界システム構築の主導権を握ったのが、大航海時代以来の歴史的伝統のうえに立つ西ヨーロッパ諸国で、キリスト教的価値観や世界観を共通の基盤としていたことである。

幕藩制成立期以来、その受け容れを拒否し、もっぱらそれに対抗するかたちで体制の整備に努めてきた幕藩制国家の支配層にとって、こうした特徴をもつ世界秩序に組みこまれることへの恐怖と不安には、きわめて深刻なものがあったといわなければならない。

第三は、そうしたなかにあって、日本国内では中世以来の神国思想の歴史的伝統のうえに、さらに近世を通じて「儒学神道」から「復古神道」へというかたちで、いっそう顕著な自国中心主義、天皇中心主義的な思考が強まり、幕藩体制の危機の進行ともかかわって、それがきわめて特異な国家観念を生み出す条件を整えていたことである。

会沢がその理論体系化に努めた国体思想は、幕藩制国家の支配層がこうした条件（第一の点がどこまで理解できていたかは定かでないが）を見据えて提示したひとつの回答という位置を占めるもので、「内憂外患」の言葉のなかに彼らの切迫した状況認識を読み取ることができる。

会沢によると、欧米の列強はキリスト教という「妖教」を以て日本への侵略を試みようとしており、愚かな民がこれに取りこまれることによって、日本はその内側からも存亡の危機に瀕している。したがって、この危機を脱するためには、民衆に国家（「神国日本」）への忠節の念を植えつけ、「妖教」に惑わされることのないよう理論武装をさせることが決定的に重要だという。

会沢が提示した祭政教一致の政治原理とは、そうした課題に応えるために、天皇祭祀を頂点とする国家的な儀礼体系（神社祭祀など）を整え、神々への崇敬と国家への帰属の重要性を民衆に教え、行わせ、それによって日本の国体の安定と維持・発展を図るというものである。

祭政教一致にいう「教」は「教化」「治教」の意味であって、徹底した愚民思想のうえに構築された政治理論であったということができる。

## 民衆宗教の「病気直し」

しかし、現実の民衆が、会沢らの考えるようなものでなかったのはいうまでもなく、十九世紀における多様なかたちでの民衆宗教の成立に、その一端がよく示されている。

享和二年（一八〇二）に尾張国の女性一尊如来《いっそんにょらい》（媹姾《りゅうぜん》）喜之《きの》が如来教を創唱したのを皮切りに、文化十一年（一八一四）には備前国の神官黒住宗忠《くろずみむねただ》が黒住教を、天保九年（一八三八）に大和国の農婦中山みきが天理教を、そして安政六年（一八五九）には備中国の農民赤沢《あかざわ》文治《ぶんじ》が金光《こんこう》教を、それぞれ開いた。

これらの宗教は、いずれも近世になって盛んとなった生き神信仰（生きた人を神と崇め、加護を得ようとする、現世中心主義的な視点に立った信仰）として成立したもので、貴族や武士などではなく民衆自身が神として崇められ、また日常生活の体験を踏まえ、民衆自身の手で新しい教義や宗教組織が創出されたところに、その歴史的意義と重要性とを指摘することができる。

これらの宗教が、ともに「病気直し」という共通の特徴をもっていたのも注目される。それは、現世の「難儀」の中心と考えられた「病気」（生理的な意味での病気にかぎらない）が、神仏（生き神）や布教者への信心を軸に、各宗教特有の禁忌・祈禱・呪術的行為などを交えることによって「治癒」されるというもので、心身を一元的なものと捉え、神仏との関係の「回復」によって現世の「病気」からの解放を説くところに、共通の特徴があった［桂島宣弘　二〇〇五］。

いったい、こうした民衆宗教が成立する歴史的背景とは、どのようなものだったのであろうか。

**「愚民」か、「批判者」か**

まず、なぜ民衆がみずからの手で新しい宗教を創出しなければならなかったのかを考える必要があるだろう。

当時の既成宗教は、世俗の政治権力（幕藩制権力）への屈服を強いられ、その厳しい支配と統制の下に著しく形式化・形骸化したことはさきに指摘したとおりである。もっぱらその体制を擁護し補完する機能を担わされるだけの宗教は、民衆の素朴で真剣な問いや期待に十分に応えられなかった。こうしたなかにあって、地蔵信仰や観音・薬師信仰などの大衆化や現世利益化、流行仏・流行神の賑わい、修験道の隆盛などというかたちで、「病気直し」が広がっていった。如来教が、金比羅《こんぴら》信仰の全国的な流行のなかで、地蔵信仰や浄土宗・日蓮宗など多様な宗教教義とかかわりながら成立したとされるのも、それを示すものといえよう。

さらに、なぜ民衆がみずからの手で新しい宗教を創出できたのかについて検討しなくてはならない。これについては、民衆の主体形成および教義内容からアプローチするのが有効であろう。

近世民衆が、中世以来の歴史的到達点のうえに立って、幕藩制成立期の当初から日常道徳の実践主体として登場してきたことはさきに指摘したとおりであるが、商品経済が飛躍的な発展を遂げた近世中後期以後、通俗道徳というかたちでその内容が整備されるとともに、民衆の主体的な自己形成に大きな役割を果たすこととなった［安丸良夫　一九七四］。

十八世紀末の石田梅岩《いしだばいがん》による石門心学《せきもんしんがく》や、十九世紀初めの二宮尊徳による報徳社などで提唱された、勤勉・節約・孝行・和合・正直・謙譲・忍従などの当為の諸徳目が、家や村を没落の危機から救うために実践すべき生活規範として、広範な民衆の日常生活に浸透していった。

そうしたなかで、たとえば黒住宗忠が「生死も富も貧苦も何もかも心一つの心の用ひやうなり」と述べているように、心の無限の可能性を自覚化することが可能となり、それが新宗教の成立へとつながったのであった。

一方、幕末期の国学は宗教的傾斜を強めていた。黒住教（主神は天照大神）はもちろん、金光教（主神は天地《てんち》金乃神《かねのかみ》）や天理教（主神は別名月日様〈月日親神〉とも呼ばれた天理王命《てんりおうのみこと》）もとに太陽信仰を共通の基盤として成立したもので、それらが一個の自立した宗教として成立するためには、主神となる神々の普遍的神性の獲得が決定的に重要となる。それが、篤胤以下の幕末期国学によって提起された宇宙創造神・主宰神論によって、その理論的基礎を与えられたと考えられるのである。

そして、重要なのは、篤胤らがもっぱらアマテラス・天皇による日本の国家統治とその特殊性を論じたのにたいし、ここではそうした特殊性ではなく、普遍的な救済神という世界宗教形成の方向で理論化が進められたことで、そこに民衆宗教としての独自の性格と特徴とを読み取ることができる。

民衆宗教の成立と発展は、十九世紀に登場する世直しの神などとともに、民衆が幕藩体制にたいする厳しい批判者として成長してきたことを示すものであり、会沢が「妖教」に惑わされる「愚かな民」と捉えたものの歴史的な実態にほかならなかった。幕藩制国家の支配層にとって、幕末期の日本はまさに「内憂外患」そのものであったと考えられるのである。

# 第四章　宗教と非宗教のあいだ——「国家神道」をめぐって

# 1　明治維新と祭政一致

## 王政復古

嘉永六年（一八五三）六月、アメリカ東インド艦隊司令官ペリーが、蒸気船二艘を含む軍艦四艘を率いて浦賀に入港し、開国を要求したのを機に、日本における近世から近代への転換としての明治維新の幕が切って落とされた。

「王室を尊び夷狄を攘《はら》う」を意味する尊王攘夷の語は、天保九年（一八三八）の徳川《とくがわ》斉昭《なりあき》の『弘道館記』で初めて定式化したとされる。嘉永七年（安政元年＝一八五四）三月に幕府大老井伊《いい》直弼《なおすけ》が天皇の勅許を無視して日米和親条約に調印し、開国したのを契機に、この尊王攘夷をスローガンとする政治運動が一挙に大きな高まりを見せ、さらに元治元年（一八六四）・慶応元年（一八六五）の第一次・第二次幕長戦争（長州戦争）とその失敗を画期として、尊王討幕運動へと展開していった。

開国にともなう政治・経済・社会の混乱と、それを収拾する展望が示せないことにたいする民心の離反や不安・不満の高まり、そして尊王討幕運動の激化によって窮地に立たされた幕府は、朝廷への政権の返上による将軍支配の再編成(公武合体)をねらって、慶応三年(一八六七)十月に大政奉還をおこなった。しかし、同年十二月の王政復古のクーデターによってその思惑は崩壊し、薩摩・長州の両藩を中心とする草莽《そうもう》の志士たちと一部の公家らによって主導される維新政府が成立することとなった。

## 「祭政一致」の意味するもの

新しく成立した維新政府は、幕藩体制からの解放と政治変革を求める民衆と世論の圧倒的な支持と期待に支えられていたとはいえ、軍事的にも財政的にも、旧幕府勢力にたいする劣勢は明白であった。

なによりも、先進諸列強からの政治的・軍事的圧力と、植民地化の危機を乗り越え、それに対抗できる近代的な国民国家を建設するという課題を達成するためには、それにふさわしい強力な政治支配体制を急いで整える必要があった。維新政府がそのために採用した基本戦略は、国体思想にもとづく天皇のカリスマ性の徹底した政治利用、すなわち絶対的君主たる天皇を中心とする中央集権的な官僚制国家の建設であった。政府は明治維新を「神武の創業」の再現、それへの復帰としての「王政復古」と称し、古代律令官制になぞらえた太政官制度を整えると同時に、「祭政一致」の政治を推し進めようとした。

しかし、いうまでもないことながら、それが古代律令制への回帰を意味していたのではない。そもそも維新政府のいう「祭政一致」そのものが、前期律令制でいう天皇による祭祀権の掌握という意味ではなかった。それは、荻生徂徠らの儒学者や後期水戸学などのいう「国家的儀礼としての祭祀と政治との統一」という意味であって、天皇がみずから宮中で皇祖神をまつり、その直系の子孫（＝現人神）という資格において政治をおこなうということにほかならなかった。

アマテラスの神勅（日本はアマテラスの子孫である天皇が永遠に統治する国だとする宣言）にもとづいて、万世一系の天皇が日本を統治するという、国体思想で示された政治理念を具体化したもの、それこそが「祭政一致」の具体的な内容であった。

## 岩倉具視の言

こうした政策を実効性のあるものとするためにも、それまで近世幕藩体制のもとで将軍や藩主を殿様（＝主人）と理解し生活してきた民衆に、絶対的君主（天皇）への崇敬の念をもたせ、それへの忠誠を誓わせるよういかに努めるかが緊要の課題として提起された。明治四年（一八七一）十月、渡米直前の岩倉具視が在日英国代理公使アダムスに述べた、「天皇陛下は天照皇大神からのたえることのない血統の御子孫であらせられ、従って神性を有する御方であらせられると日本の国民が信じることは絶対に必要なことである」(日本近代思想大系『宗教と国家』)との言葉は、それをもっとも端的なかたちで示している。

そのために、政府はいちはやく明治二年(一八六九)三月に教導取調局、そして七月に宣教使という役職を新たに設け、神学者や国学者などを動員して、天皇の偉大さやその支配の正当性、およびそれへの崇敬・忠節がいかに重要であるかを説いてまわらせた。政府のいう祭政一致は、実際には会沢安などが強調した祭政教一致(「教」は「教化」を意味する)の原則として実施されたのであって、維新政府成立期の明治初期にあっては、とりわけこの「教化」が重視され、重要な意味をもつこととなった。

また、こうした国家理念にもとづく国づくりを進める立場からすれば、これとまったく相容れない宇宙観・世界観をもつキリスト教はとうてい認めえないものであったから、キリシタン禁制は、当然のこととして、引きつづき維新政府の基本方針とされた。

**「神仏分離」**

成立期の明治政府は、右に述べたような方針にもとづいて、次々と重要な政策を実施していった。

その筆頭は、「神仏分離」である。明治天皇が公卿・諸侯以下の百官を率いて、天地神明に誓うかたちで維新政権の基本方針を五ヵ条の誓文として発表した三日後の慶応四年(明治元年＝一八六八)三月十七日、政府は諸神社の別当・社僧に還俗《げんぞく》(神官化)を命じるとともに、同二十八日に神社から仏具・仏像等を除去するよう命じた(神仏判然令)。

これを受けて、全国の神社で社僧の還俗や神宮寺・別当寺の廃寺、あるいは仏像・仏具の撤去、神職の仏葬の廃止などが相次いで実施された。また、これを契機に、一部では平田派国学などの影響を受けた神職や地方官を中心に激しい排仏運動(廃仏毀釈)が展開され、寺院の廃絶や仏堂・仏具の徹底的な破壊がおこなわれるところもあった。しかし、政府としては、宗教としての仏教それ自体の否定がねらいではなかったから、繰り返し「神仏分離」を慎重にするよう命が下された。

「神仏分離」は、天皇を中心とした国づくりの観点から、「復古神道」の理念を現実のものとし、それによって国民の思想的・精神的統合を図ろうとする目的をもって実施されたものであった。神と仏との関係を絶ち、また神社から仏教色を徹底的に排除することを通して、仏教が日本に伝えられる以前の神々の祭りの場へと神社を整備しなおすことが、そこでのもっとも重要な課題とされた。

しかし、幕藩体制からの解放を願う民衆には、体制的宗教として幕藩制権力と一体化し、それを補完する役割を担ってきた寺院や僧侶が許しがたいものと映り、それが時に政府の意図を超えて、廃仏毀釈という過激な行動をともないながら展開することにもなったのであった。

## 「神仏分離」の基本的性格

ところで、この「神仏分離」に関しては、以下のことに注意しておく必要がある。

第一に、政府のいう「神と仏との分離」、「仏教が伝わる以前の神まつりの場の確保」というのであれば、本来は神社の廃棄こそが必要で、神社という宗教施設から仏教的な要素のみを除去するというのは、まことにご都合主義的なごまかしだといわなければならないことである。

第一章でも述べたように、神社という常設神殿をもつ宗教施設そのものが、そもそも仏教や寺院の存在を前提とした、日本における「神仏習合」のひとつの具体的なあらわれにほかならなかった。このように考えると、政府が強権的に推し進めようとした「神仏分離」も、たんなる「神と仏との分離」ということではなく、民衆の不満などを利用しながら、寺院や仏教に代えて神社や神祇信仰を体制的宗教として再編成することを通して、国体思想や天皇への崇敬の念を広く国民のあいだに浸透・定着させることにこそ、そのねらいはあったと考えるのが妥当だといえるであろう。

第二に「神仏分離」によって分離・奉斎されたのが神々一般ではなく、記紀神話や『延喜式』神名帳などによって権威づけられた特定の神々だったことである。これによって神社祭神の「記紀神話体系への統合と再編成」が日本の歴史上初めて、かつ一挙に進められた。また、皇族と国家の功臣などの新たな神々が創出され、神社そのものの天皇主義化が強力に推進されていった〔安丸良夫　一九七九〕。後者がのちに別格官幣社として整備される、楠木正成を祀る湊川神社や、国家（天皇）のために戦死した軍人・軍属を英霊＝祭神として祀る靖国神社などの創始であったのはよく知られているところである。

## 祭神、教義の転換

これら二つの問題が、日本の神社のありかたに決定的ともいってよい重大な変化をもたらした。

古代の「神社」成立期以来、一部の上層神社で天皇神話上の神々を祭神とすることがおこなわれ、そうした動きが中世以後しだいに広がりを見せるようになったとはいうものの、民衆の信仰対象とされる中小・零細神社などはそれとまったく無縁であり、かつそれが日本の神社の圧倒的多数を占めていた。それが、「神仏分離」を契機に、神社祭神は原則としてすべて皇祖神など天皇神話上の神々やそれに準ずるもの（国家の功臣、英霊など）

へと転換、収斂《しゅうれん》されることとなったのである。

この状況は、二十一世紀を迎えた今日においても基本的に変わるところがないが、その圧倒的な部分が明治維新期の「神仏分離」に起点を置く、ごく最近の現象だということに、あらためて注意しておく必要がある。

さらに仏教との関係を絶たれた神社・神祇信仰が、実際には国家や世俗政治権力への果てしない従属を強いられ、本来の宗教的機能を大きく後退、形骸化させるというきわめて深刻な事態に立ちいたった。第二章でも述べたように、中世成立期に仏教理論を基軸に据え、多様な宗教儀礼が統一されるかたちで成立した日本の宗教、とくに「神仏隔離原則」にもとづく「神仏習合」によって新たな安定を見た神社・神祇信仰にとって、その教義的な理論部分を担ってきた仏教との関係を絶たれたことはまことに深刻であった。

もちろん、仏教からの自立化をめざす動きは従来からあり、吉田神道の成立などはそのためのひとつの重要な試みであったが、しかしこれまた第三章で述べたように、近世後期に吉田神道批判が強まるなかでその道も封殺されていった。その結果、「神仏分離」にともなって、天皇神話そのものが直接神社・神祇信仰の教義としての位置を占めることとなった。宗教としての自立性を喪失した神社はたんなる国家的祭祀や儀礼を執りおこなう場へと変質を遂げ、国家や世俗政治権力との癒着やそれへの従属をさらに決定的なものとしたのであった。

## 「国家の宗祀」

明治四年(一八七一)五月、政府はすべての神社を官社と諸社(民社)の二つに分け、さらに官社を官幣社と国幣社、諸社を府社・県社・郷社・村社に分類・区別し(それ以外は無格社)、それぞれ官社は神祇官、諸社は地方長官の管轄下に置くこととした。

それと合わせてすべての神社を「国家の宗祀」と定め、「伊勢両宮世襲ノ神官ヲ始メ天下大小ノ神官社家ニ至ル迄」精選補任するよう命じた。世襲の神官を認めず、神社のもつ歴史的・宗教的伝統の抹殺を通じて、神社を「国家の宗祀」、すなわち天皇の統治権を支える国家的儀礼と祭祀のための装置に再編成することを宣言したのである。

近代日本の神社制度の基本骨格が、ここに定まることとなった。それは、さきの「神仏分離」と合わせ、神社をそれまでの素朴な信仰対象としての宗教施設から、「国体観念」を支えるための国家的儀礼と祭祀の場へと転換させることにほかならなかったといえる。

明治政府が推進した、明治初年におけるこうした政策を捉えて、従来は一般にこれを「神道国教化」政策と呼んできた。「神道」を国家公認の宗教(国教)と定め、それを国民に信仰させることを通して、日本の国家統合を図ろうとしたと考えられたからである。

しかし、こうした従来の理解には再検討の必要がある。

従来の理解は「神道＝日本固有の宗教」とする考えにもとづいて組み立てられている。だが、明治政府のいう「神道」は、実際にはそうした日本固有の「宗教」という意味ではなく、国体思想を踏まえた神権的天皇による日本の国家統治の問題と捉えられていた。

日本国民（臣民）は個人的にどのような宗教を信仰するかにかかわらず、すべからく「日本人」の一人として天皇への崇敬の念をもつべきであり、したがって天皇の祖先神などを祭り、国家的な祭祀と儀礼の場である神社を崇拝し、氏子としてそれに奉仕しなければならない。これが、明治政府の基本的な考えかたであり、「神仏分離」とそれにともなう神社祭神の転換や神社の「国家の宗祀」化というのも、ともにそのための方策であった。そして、重要なのは、こうした明治政府の政策が近代日本の国家と宗教との関係にきわめて深刻な問題を投げかけたことである。

## 国家によるコスモロジーの独占

西ヨーロッパ諸国における近代資本主義社会の成立が、ルネッサンスを経ることによって準備されたことからも知られるように、前近代から近代への移行（近代社会の成立）は政治と宗教、国家（世俗政治権力）と宗教との分離を一般的な特徴としている。

ところが、日本の場合、その特異な近代化過程ともかかわって、そこに大きな違いが生まれた。国家権力が強権的にその教義内容にまで踏みこんで宗教に厳しい統制を加え、それを政治的に利用することが当然のようにおこなわれることとなった。

国家権力が直接介入して神社のありかたを転換させ（祭神の転換など）、天皇制支配を支えるための宗教施設＝「国家の宗祀」へと強引に導いた。

その歴史的前提に近世社会における武力を背景とした「鎖国」政策があった。その政策が破綻するなかで、よりいっそう強固で観念的なナショナリズムを代替、構築するために天皇中心主義的な国家的宗教政策が採用されることとなった。それが、国体論の観点からの「復古神道」の読み替えと再編成にもとづく「国家神道」（国体論的「復古神道」）の成立だったのである［井上寛司　二〇〇六］。

その特徴を一言でいえば、

(a)**日本に固有の宗教施設としての神社を媒介とした、国家による宇宙観・世界観（コスモロジー）の独占**

(b)**それにもとづく日本国民の国家・天皇への直結と観念的な一元化**

ということができよう。これは、本来であれば諸宗教などが提示するはずの多様な宇宙観や世界観を世俗の政治権力（国家）が一方的に独占することによって、宗教を直接的な支配と統制の下に置き、そうした国民の価値観の一元化と宗教の政治利用を通じて、天皇制国家（「神国日本」）のよりスムーズな統治・統合を推進するということにほかならない。そこに、近代日本のまことに深刻で重要な特徴と問題点とが存在した。

## 2 「信教の自由」論争

**「三条の教則」**

神社そのもののありかたやその制度改変を通じて「国家神道」への第一歩を踏みだした明治政府は、それをさらに推進するための政策を実施していった。

明治五年（一八七二）三月、政府は神祇省（前年八月に神祇官を神祇省に改組）を廃して新たに教部省を設置し、これに社寺の管轄や神官・僧侶の掌握と合わせて、かつての宣教使に代わる国民教化の機能を担わせることとなった。そのために、翌四月に神官・僧侶を教導職に任命するとともに、国民教化のための綱領として三条の教則を定めた。それは、

(1)敬神愛国ノ旨ヲ体スベキ事
(2)天理人道ヲ明ニスベキ事

(3)皇上ヲ奉戴シ朝旨ヲ遵守セシムベキ事

の三項目からなり、教導職に任じられた神官・僧侶らはこれを国民のあいだに普及・浸透させることを義務づけられた。

また、同年九月に修験道が禁止され（前年に陰陽道や普化宗《ふけしゅう》〈虚無僧〉も廃止された）、あるいは天理教や金光教などの民間宗教への厳しい統制が加えられるなど、明治七年にかけて三条の教則にもとづく強権的な宗教統制もおこなわれた。

これは、盂蘭盆会《うらぼんえ》・盆踊りの禁止や、梓巫《あずさみこ》・憑祈禱《たのみきとう》・口寄《くちよせ》の全面禁止などと一体のもので、開化主義啓蒙の立場から、迷信・猥雑・浪費などの名目で民間信仰や民俗行事・習俗を厳しく禁圧しようとしたことによるものであった。「文明開化」と「万邦無比」「富国強兵」をスローガンとし、急いで近代化を推進しようとする明治政府が、民間信仰や風俗・風習にまで踏みこんで三条の教則の理念を具体化しようとしたことを示すものとして注目される。

**大教院**

明治五年八月、教部省のもとに大教院（国民教化運動を推進するための中央機関。地方には中教院・小教院が設けられた）が開院され、神官・僧侶の合同による本格的な三条の教則の教導が開始されることとなった。

しかし、それは当初から大きな困難を抱えていた。もっとも大きな問題は、教導活動の中核を担うことを期待されていた神官らが、ほとんどその任に堪えず、かえって大きな混乱が生じてしまったことである。

神官たちの活動は民衆を教会・講社に組織するかたちで進められ、またその説教がもっぱら現世利益の満足や死後の安楽という、民衆の求める個人的祈願の成就を説くものであったところから、三条の教則本来の趣旨に反して、たんなる宗教活動という意味を強く帯びた。その結果、「神道」がこれまた政府の考える国体論的「復古神道」と異なって、仏教とは別のただの宗教（神祇信仰）という性格を強くもつにいたったからである。

寺院・仏教の僧侶にとって、大教院でのこうした活動は、三条の教則の教導の名のもとにもっぱら神社祭祀や神祇信仰の布教に協力し、仏教としての活動を放棄することを意味するものであったから、とうてい容認できないものとして激しい反発が起こった。

## 島地黙雷

そうした寺院・僧侶の意向を代表するかたちで、厳しく政府を批判したのが、山口県出身の浄土真宗本願寺派の僧・島地《しまじ》黙雷《もくらい》であった。

島地は、三条の教則が定められる直前の明治五年一月から、各国の宗教事情視察のためヨーロッパ留学に出かけていたが（帰国は翌年七月）、本国からの連絡でこの問題を察知するとただちに、木戸孝允らの長州派官僚などとも緊密な連絡を取りながら「三条教則批判建白書」を、そして帰国後には「大教院分離建白書」を執筆し、大教院の活動のありかたを厳しく批判した。

島地がここで提起したのは「信教の自由」という問題で、そこには三つの重要な論点が含まれていた。

(1)大教院での教導活動が、実際には神社信仰を主体とする新たな「宗教」を国家が権力的に創出することとなっていて、それは政治と宗教との区別や機能分担という観点から見て、許されるべきことではない。

(2)新たに創出された「宗教としての神道」が、慣習的な祭祀と『古事記』『日本書紀』などの古典にのみ依拠していて、特定の教祖をもたず、また体系的な教義や布教方法をもたないなど、仏教より一段低い「未開の宗教」と考えなければならない。

(3)そうした「未開の宗教」の権力的な布教はキリスト教を抑えるどころか、むしろこれを招き入れる危険性をはらむもので、文明開化の趣旨にも反する。

島地によるこの「信教の自由」・「政教分離」論の提起以後、ジャーナリズムを含め、それに賛同・支持する世論が急速に大きな広がりを見せ、留守政府(当時、明治政府の主要メンバーは岩倉具視を特命全権大使として欧米各国の制度・文物の調査に出かけていた。帰国は明治六年九月)や神社界は窮地に立たされることとなった。

## 「神道は宗教に非ず」と「信教の自由」の宣言

政府や神社界のなかには、あらためて「神道」を「国教」(国家公認の宗教)に指定すべきだとの意見もあったが、かねてより諸列強からキリシタン禁制を撤回するようにとの厳しい申し入れがあり、一八七三(明治六)年二月にはそれを容れてキリシタン禁制の高札を撤去せざるをえない(キリスト教の黙認)という状況にあった。もはや「神道」の「国教」化などというのは現実には選択の余地のないものであった(なお明治五年に太陽暦が採用され、同年十二月三日が明治六年元日となった。以後、本書では年号表記は西暦を優先する)。

やがて、一八七三年から七四年にいたる論争の過程を通じて、むしろ「神道」は「宗教」と明確に区別すべきだとする認識がしだいに広がっていった。七四年六月十七日に提出された熊谷県大内晴巒の建白書は、そのもっとも典型的な一例ということができる。

夫《そ》レ神道ハ祭典祀事ノ盛礼ニシテ、則《すなわ》チ我　皇上ノ祖先ニ追孝シタマヒ及ヒ臣民ノ天下ニ功労アリ人民ニ恩徳アル霊魂ヲ慰ムルノ道ノミ、若之《もしこれ》ヲ以テ宗教トナサハ、唯其《ただそれ》衆神教ナルノミナラス、之ヲ雑神教ト謂《い》フ可《べ》キ歟《か》、（中略）夫レ我　皇上ノ祖先ヲ祭祀敬崇スルヲ以テ宗教トナサハ、畏《かし》コクモ我カ歴世　皇帝ノ聖霊ヲ彼ノ幽冥不滅ナルト信スル者ハ之ヲ信シ、信セサル者ハ却テ之ヲ嘲笑スル、諸宗法教ノ神仏等ニ同シトスル乎《か》、我カ穆々《ぼくぼく》タル　皇上ヲ他諸宗教ノ法王宗主等ニ比セントスル乎、何ソ忌憚ナキノ甚シキヤ、（中略）方今諸教弘布ヲ競フノ時ニ当テ、之ヲ以テ国体ヲ維持スルトナサハ、人民モシ之ニ信ナク却テ彼ヲ信スル者アラハ、国体已《すで》ニ維持スヘカラストナス乎、嗚呼、我国体タル豈《あに》区々タル宗教ノ能《よ》ク之ヲ安危スルヘキ者ナランヤ、希《ねが》クハ祭典祀事ノ盛礼ヲ以テ大政ヲ荘厳シ、彼ノ神道ヲ以テ宗教トナスノ謬妄《びゅうもう》ヲ釐正《りせい》アラハ、則国体維持ノ裨補ニ幾《ちか》カラン歟（国立公文書館所蔵『建白書明治七年甲戌自六月至七月五』）

また、こうした状況の変化を踏まえ、島地自身も、宗教でない「神道」を「純粋ノ神道」と称して、これを積極的に受け容れ、支持すると表明した。

これらのことを受けて、一八七五（明治八）年五月に神仏合同による布教が廃止され、今後は神官と僧侶がそれぞれわかれて教導活動をおこなうこととなり、十一月にあらためて「信教の自由」が表明された。

「神道」に関していえば、明治政府がこれまでその整備・確立のために取り組みを進めてきた「宗教ではない神道」（純粋の神道）と、仏教に比肩される「宗教としての神道」が明確に区別され、併存することとなり、この二つの異なる「神道」概念を「宗教」とのかかわりを踏まえ、どう調整するのかがあらためて問われることとなったのである。

**自由民権運動の脅威**

一八七四（明治七）年一月、前年の征韓論争に敗れ下野した板垣退助らが民撰議院設立建白書を提出し、自由民権運動が開始された。

これは、それまで明治政府が進めてきた、絶対的君主たる天皇を中心とする有司専制の近代化に反対し、国会開設・憲法制定・地租改正・不平等条約改正・地方自治などを求める政治運動で、ブルジョア民主主義革命の性格をもつと評されるように、日本の近代国家形成に重要な役割を果たし、またそのありかたにも大きな影響を与えることとなった。

とくに、西南戦争（西郷隆盛など旧薩摩藩の士族を中心とする反政府暴動）終結後の一八七七（明治十）年から八一年の政変にいたる時期（自由民権運動の第二期）には、全国的な規模での運動の大きな高揚があり、それに押されるかたちで国会開設の詔が発せられることとなった。国会が開設されるのは十年後の一八九〇（明治二十三）年のことであるが、その間を通じて大きく状況は変化し、「国家神道」のありかたや位置づけも変わり、そして体制的な確立を見ることとなった。

## 頼りない神官たち

明治初年、とくに明治五年の三条の教則制定と教導職設置以来、天皇制イデオロギー（国体思想にもとづく天皇と天皇統治の絶対性の理念）を国民のあいだに浸透させる国民教化の役割を、もっぱら神官や僧侶などの宗教者が担ってきたが、それが大きく転換し、やがて教育機関がそれに取って代わることとなった。

当時、神官らが教導の任に堪ええないことが、ますます明らかとなっていた。一八七五年の大教院の解散にともなって、神道の教導職では新たに神道事務局を設けて教化運動を進めることとなったが、新築神殿の祭神に何を祭るかをめぐって、深刻な対立が生じることとなった。

伊勢神宮大宮司田中頼庸《たなかよりつね》らがアメノミナカヌシ・タカミムスビ・カミムスビの造化三神とアマテラスの四神を祭るべしとしたのにたいし、出雲大社大宮司の千家尊福《せんげたかとみ》らがオオクニヌシを併せ祭るよう主張し、全国の神道教導職が伊勢派と出雲派とにわかれて激しい論争を展開した。この論争は容易に収拾がつかず、ついに一八八一（明治十四）年二月に明治天皇の勅裁（祭神は宮中所斎の神霊とする）によってようやく解決することとなった。

神道事務局に祭る祭神すら、みずからの手で決定しえない神官らに、国民教化の重責が担いうるはずもないことは明白だった。翌一八八二年一月には官国幣社の神官と教導職の分離が決定され、さらに一八八四（明治十七）年には神仏教導職そのものが全廃されることとなったのである。

## 教育勅語

教育をめぐる状況も変化していた。

日本における近代教育制度は明治五年（一八七二）八月の学制頒布を起点として進められることとなった。この学制は、大隈重信ら留守政府の主流（＝肥前派官僚）によって主導されたこともあって、きわめて急進的な文明開化主義をその特徴としていた。

主知主義的な学制の内容や開化の行きすぎにたいしては、早くから厳しい批判があり、忠孝仁義の精神の育成を学校教育に求める声が強かった。そうした動きがとくに顕著となってくるのは一八七七年以後のことで、一八七九（明治十二）年八月に明治天皇の命を受けて元田《もとだ》永孚《ながざね》が執筆した、仁義・忠孝を重視する儒教徳目を基本とした教学大旨が発令された。

一八八一年五月には国民道徳の鼓吹と国民精神の涵養《かんよう》を謳った小学校教則綱領、同年六月には尊王愛国の志気の振興を謳った小学校教員心得がそれぞれ公布され、その最終的到達点として一八九〇（明治二十三）年十月に教育勅語（忠孝を核とした儒教的徳目を基礎に置き、忠君愛国を窮極の国民道徳と定めた、明治天皇の命による教育の基本方針）が発布された。

## 教派神道の成立と「日本型政教分離」

先述した祭神論争の決着が重要な契機となって、近代日本の宗教制度の基本骨格が定まった。

祭神論争のそれぞれのリーダーであった伊勢神宮と出雲大社では、一八八二年一月の官国幣社の神官・教導職の分離を機にそれぞれ神宮教と大社教という宗教教団（教派神道）を成立させた。これによって国家祭祀を掌《つかさど》る伊勢神宮や出雲大社以下の神社一般と、宗教団体として活動する教派神道とが明確に区別されることとなった。

すでに「信教の自由」が表明されたのを受けて、一八七六（明治九）年以後、黒住教や神道修成派などの別派特立が認められていたが、神宮教と大社教の成立にともなって、それが体制的に整えられることとなったのである。

教派神道とは、明治政府公認の神道系民間宗教のことで、一般に創唱宗教の黒住教・天理教・金光教と、山岳信仰の実行教・扶桑《ふそう》教・御岳《おんたけ》教、および独立派の禊《みそぎ》教・神理教・神道修成派・神道大成教・神習教・大社教・神宮教・神道本局（のち神道大教）の十四派からなるとされる。

これらは、浄土真宗や曹洞宗以下の仏教各宗派と肩を並べるかたちで位置し、ともにその上位に「国家神道（宗教でない神道）」が位置するという関係にあった。明治初年の強権的な「神仏分離」以来進められてきた国家（世俗政治権力）による宗教の支配と統制は、こうしたかたちで体制的な確立を見ることとなったのである。

これを一般に「日本型政教分離」の成立と呼んでいるが、政教分離ではなく、実際には宗教の政治（国家）への従属と癒着を示す以外のなにものでもなかったことに注意しておく必要がある。

## 新たな「宗教」概念

一八八二年から八四年にいたる神官・教導職の分離と教導職の全廃、あるいは右に述べた近代的宗教制度の整備を以て、「国家神道」の内容がより明確となり、体制的な確立を見た。そのもっとも中心に位置したのが新しい「宗教」概念の成立であった。

今日私たち日本人が一般に用いている「宗教」の用語は、近代になって西洋のReligion

の訳語として新しく成立したもので、その成立までには紆余曲折があった。

もともと宗教には、プラクティス（非言語的な慣習的行為＝儀礼）とビリーフ（概念化された信念体系＝教義）という二つの異なる要素が含まれているが、一八七七（明治十）年ころまでは西洋文明と一体のものとされ、プラクティスを下位としキリスト教に基軸を置くビリーフ中心的な概念であった。

それが、進化論の伝来にともなう宗教と科学との対立を機に、明治十年代後半には西洋文明と切り離されるとともに、倫理とも分離され、「宗教」は非科学的なものとして合理的な倫理の下位に置かれ、その訳語も「宗教」に固定されることとなった。そして、さらに二つの「神道」概念の併存や教派神道の成立などともかかわって、個人的自由の裁量に委ねられる私的領域の「宗教」と、国民的義務とされる公的領域の「道徳」とに区分され、かつ「宗教」は「道徳」の下位に立つものとされたのであった〔磯前順一　二〇〇三〕。

これを、「国家神道」の成立という観点から整理すると、次のようにまとめることができるであろう。
(a)それまで「宗旨」「宗門」や「教法」など多様な訳語が与えられてきたReligionは、明治十年代に「宗教」の一語に固定されるとともに、その内容もキリスト教や浄土真宗などを基軸に据えた、特定の教祖・教義をもつ一神教的信仰体系を意味するものとなった。

(b)この「宗教」概念の定立にともなって、従来その内容が曖昧であった国体論的「復古神道」(「宗教ではない神道［純粋の神道］」)も、公的領域の「道徳」(国家や天皇への忠誠などの日本国民として守るべき社会的規範)とそれを理念的に支える国家的儀礼という意味で、「宗教」ではないものとされた。

(c)さらにその国家的儀礼や祭祀の直接的な担い手である神社も、宗教としての教派神道と異なり、これまた「宗教」ではないものとされた。

「国家神道」はこういうものとして体制的に成立し、一八八九(明治二十二)年二月発布の大日本帝国憲法(明治憲法)および翌年に発布された教育勅語をその根底で支えるものとして、重要な役割を担うこととなったのである。

## 日本的「融通無碍な多神教」はここに成立した

以上、ここまでは明治政府が推進しようとした政策とのかかわりで「国家神道」の成立について述べてきた。しかし、それはあくまで政府の意図したところであって、国民の理解や受けとめかたがそれと同じだったというわけではもちろんない。

「神仏分離」ひとつを例に取っても、一部で激しい廃仏毀釈がおこなわれ、また神社と寺院とが宗教施設として明確に区別されるようになったとはいえ、二十一世紀を迎えた今日にあっても「神と仏は同じもの」とするのが日本国民の多くに共通する一般的な理解で、厳密な意味での「神仏分離」がなされているわけではない。それは神社についても同じで、「神社は国家の宗祀である」「神社は宗教ではない」との政府見解にもかかわらず、国民自身は依然として信仰対象として神社とかかわっていた。だからこそ神官教導職もそうした庶民の意識や要求に応えるかたちで教導をおこなわなければならず、それが政府の期待や要請に反することとなり、政府もまた繰り返し「神社は宗教に非ず」と主張しつづけなければならなかったのであった。

重要なことは、こうした国家政策の方向性と国民意識との大きなズレが、近世の仏教に続いて神社・神祇信仰の社会的習俗化を一挙に推し進め、日本の宗教そのものの社会的習俗化を決定的なものにしたことである。また、同時に、限定的な「宗教」概念の成立ともかかわって、それら宗教儀礼の非「宗教」化をもたらすことにもなったと考えられることである。

「はじめに」で指摘した、今日の日本を特徴づける、国民の圧倒的多数が「無宗教」を唱える「融通無碍な多神教」という特異な宗教の基本骨格は、直接的には、この強権的な「国家神道」の成立によってもたらされたものだったのである。

## 3　帝国日本を支えるイデオロギー

### 転機としての日清・日露戦争

日本の近代社会は、日清・日露戦争を経過するなかで大きく変化していった。朝鮮半島における植民地権益の安定的確保をねらって「宗主国」清と争った日清戦争（一八九四〔明治二十七〕年）、および朝鮮と中国本土（満洲地域）での利権獲得をめぐってロシアと争った日露戦争（一九〇四〔明治三十七〕年）、この両戦争に日本は欧米列強の支援を得て勝利し、合わせてこの間にイギリスを窓口として不平等条約の撤廃を取りつけた（一八九四年）。これにより、日本は先進資本主義列強の仲間入りをし、アジアで唯一の植民地をもつ帝国主義国家として立ちあらわれることとなった。

また両戦争の前後に産業革命が達成され、資本主義体制が本格的に成立した。日本資本主義の確立は、そのまま帝国主義への同時転化となり、こうした状況の変化に対応するかたちで、「国家神道」のありかたもまた大きく変化していくこととなった。

## 神社・神職界の新たな対応

日清・日露戦争は神社界に新たな動きを生じさせ、それにともなう「国家神道」の社会的浸透が進んだ。さきにも述べたように、一八七五（明治八）年の大教院の解散とそれに続く祭神論争以後、神社界を取りまく状況は大きく変化し、全体としてきわめて厳しい状況に置かれることとなった。

国民教化政策の基軸が神社・宗教から教育へと移行するにつれて、国家政策のなかに占める神社の比重が相対的に低下した。また、「信教の自由」の宣言がそれに追い打ちをかけ、神社への公的国家的な保護と支援が大きく後退した。さらに一八八一（明治十四）年の松方財政（西南戦争後の財政立て直しと軍備拡張のために実施された紙幣整理や増税などのデフレ政策。これを機に農民の急激な没落が起こり、寄生地主制の形成が進んだ）以降の厳しい財政状況ともかかわって、神社への財政的保障が大きく削減された。

これらの条件が重なったため、官国幣社などの上層神社はもちろん、とくに府県郷村社などの中・下層神社では神社の維持・経営そのものが立ちゆかないという深刻な事態に直面することとなった。

こうした事態を打開すべく、神職らは「神社は宗教に非ず」「神社は国家の宗祀である」との論理にもとづき、それを逆手にとって神社への公的、国家的な支援と保障を強く求めていくこととなった。その中心部隊となったのが、明治二十年代から始まって同三十一年（一八九八）十一月に全国的な組織として結成されることとなった全国神職会である。

全国神職会には注目すべき重要な特徴が認められる。その名のとおり、府県郷村社を含む全国的な神職組織であることからも知られるように、「神社は宗教に非ず」「神社は国家の宗祀である」との認識や主張が神社界共有のものとなっている。従来、こうした主張はいわば国家（政府）の側から一方的に提起され、しかもそこでは官国幣社などの上層神社がその主要な対象とされてきた。それを、神社・神職の側から自主的・主体的に、かつ中・下層神社を含む神職全体が一丸となって主張することとなったわけで、そこに大きな変化と特徴とが認められるのである。

ただし、これについては、宗教構造の変化という点で、まことに深刻、かつ重大な問題が含まれていたことにも注意しておかなければならない。神社・神職みずから「神社は国家の宗祀で、宗教ではない」という主張を受け容れたことで、国家政策の一端を担うたんなるイデオロギー機関と化してしまったからである。

人びとが神社に期待し、求める精神的な救済や安穏という本来の素朴な願望とのあいだに重大なズレを生じることとなった。仏教界での二元論的「真俗二諦《しんぞくにたい》」論などの深刻な思想的葛藤を経ることもないまま、中・下層神社を含む神社界全体がいわば魂を抛《なげう》つかたちで国家権力に擦り寄り、それに屈服・従属・癒着することとなってしまったのである。

**靖国神社**

日清・日露戦争という本格的な対外戦争を通じて、かつて経験したことのない多数の国民の戦争への参加と戦死者が発生した。

個々人の冥福を祈るための葬送儀礼とは明確に区別された、国家〈天皇〉のために命を捧げた帝国臣民の戦没者への公的なかたちでの鎮魂。それを「国家の宗祀」という資格において執りおこなうこと、また村民こぞって出征兵士の安全と戦勝を神社に祈願することと、これらを媒介として、「国家神道」がさらに広く深く浸透していった。

このうち、公的鎮魂というのは、端的にいえば戦没者を別格官幣社靖国神社に祀ることである。靖国神社の前身は東京招魂社で、明治二年〈一八六九〉勅命により鳥羽・伏見から箱館戦争にいたるまでの戊辰戦争戦没者を合祀する施設として九段坂上に創建された。

招魂社そのものは、旧津和野藩士福羽美静《ふくばびせい》らが文久二年〈一八六二〉に討幕運動で倒れた尊王の志士を京都東山の霊山にまつり、翌年八坂神社境内に小祠を建立したのに始まる。その後倒幕諸藩を中心として、各藩でもそれぞれ招魂社が創建されていった〈一九三九〔昭和十四〕年以後、それらは一括して護国神社と改称された〉。一八七九〈明治十二〉年六月、東京招魂社は靖国神社と改称されて別格官幣社に列せられ、戊辰戦争の戦没者に加えて、嘉永六年（一八五三）以来の国事殉難者や西南戦争などの官軍方戦死者も合わせ祀られることとなった。

この靖国神社には、もともと他の一般の神社と大きく異なる特徴があった。

(a)一般の神社が内務省の管轄なのにたいし、靖国神社だけは陸・海軍省と内務省の三省で運営され、その主導権を財政を担う陸軍省が握っていて（陸軍省の予算による運営）、祭主も現役の陸・海軍武官が務めたこと

(b)そこに祀られる祭神が、国家（天皇）のために命を捧げた軍人・軍属のみに限られていること（反官軍方戦没者や戦争被災者一般は祀られない）

(c)国家による鎮魂施設というその基本的性格ともかかわって、軍隊の統括責任者である天皇の弔祭を受け、昭和の敗戦にいたるまで七十余度に及ぶ行幸・行啓（天皇や皇后・皇太子などが外出すること）がおこなわれたこと

などである。

こうした特徴も、当初はそこに祀られる祭神の大部分が旧武士層であったため、国民一般とは直接かかわりのないものであった。それが日清・日露戦争を機に、国民的な基盤をもつ神社へと大きく様変わりし、やがては「英霊」たちの「偉業」を讃える観点から、植

民地獲得のための帝国主義戦争を美化・合理化・正当化し、さらには国民を侵略戦争に駆り立てるための機関として、きわめて重要な役割を担うこととなったのであった。靖国神社が近代日本軍国主義の象徴といわれる所以である。

一方、村における神社での武運長久、戦勝祈願は、これまた日清・日露戦争を契機に、全国各地の神社が国民を戦争に動員する直接的な媒体として機能すると同時に、その産土《うぶすな》神《がみ》を媒介として国民全体が国益や天皇と直接的に結び合う、「帝国臣民」としての位置が明確にされた点で、明治政府の意図する「国家神道」がより深く国民のあいだに浸透していったと評価することができる。

## 中小零細神社の合祀と一村一社化

さて、対ロシア戦争に要した膨大な戦費を賄うべく、財政的にも行政的にも疲弊の極に達していた町村を立てなおし、また「世界の一等国」、列強の一員という国際的地位を支えるに足る国内基盤を整備するためにも、急いで町村の再編・強化を進めることが緊要の課題とされた。それに応えたのが、一九〇八(明治四十一)年に発せられた戊《ぼ》申詔書《しんしょうしょ》を指導理念とし、報徳思想にもとづいて強力に推進された地方改良運動である。

町村長や小学校長などによって主導されたこの運動では、行政村と自然村(大字《おおあざ》)の二

1942（昭和17）年４月25日の靖国神社春季臨時大祭
上　親拝する昭和天皇が乗った自動車を迎える遺族
下　向かって左から、天皇を迎える及川古志郎大祭委員長（海軍大将）、
　　東條英機首相（陸相）、嶋田繁太郎海相

重構造の解消がめざされ、そのために部落有林野の統一による町村基本財産の造成や、神社の統一整理による一村一社化、小学校の統合による一村一校化などが進められた。また、農事改良事業の推進や、農業生産力の増進が図られ、これらの事業を達成した町村は、「模範村」として表彰された。

このうち、とくに注目されるのは「神社の統一整理による一村一社化」という問題である。地域民衆の信仰対象を「一村一社の産土神」へと収斂させることを通じて、より安定的、かつ強力に権力が民衆を掌握・統制する、こうした手法はすでに近世初頭の寛文年間(一六六一〜七三)に水戸・岡山・会津藩などで試みられたところで、幕末期の水戸・津和野藩などでも同様のことがおこなわれた。

寛文期の水戸・岡山・会津藩などの場合は、儒学思想にもとづく排仏論の観点から寺院・神社整理がおこなわれたもので、たとえば水戸藩の場合、「神仏習合」的な性格をもつ小祠三千余社が「淫祠《いんし》」と称して徹底的に破壊されるとともに、一時はほぼ一村一社制が達成された。

これに対し、幕末のそれは会沢安のいう「内憂外患」に備えるための方策として、国体思想の観点から実施され、「神仏分離」の徹底や祭神の皇祖神化などと合わせ、これまた徹底した一村一社制が推進された。

明治政府は成立当初から、この水戸・津和野藩などと同様の取り組みを全国的な規模で実施することをめざしていた。それが、ようやくこの時期にいたって、しかも村落の指導者層の主導のもとに推進、実現されることとなったわけである。

## 「国家神道」の変質

以上に指摘してきた事柄は、いずれも日清・日露戦争を契機として「国家神道」が社会の底辺にまで浸透したことを示すものとして注目されるところであるが、しかしこれらを合わせ見てみると、それが社会的浸透という量的な変化にとどまらず、「国家神道」そのものの変質という、重大な質的変化をも意味していたことがわかる。

それは、まず何よりも両戦争による本格的な植民地権益・領土の獲得を通じて、「神国日本」が植民地にまで拡大されたことによるもので、「国家神道」は植民地の住民を含めた帝国日本の全体を覆う国家的イデオロギーという性格を持つにいたったといえる。

いまひとつ重要なのは、国民自身がその直接的な担い手となってしまったことである。国民自身が命をも投げ出してこの戦争に協力し、そして勝利することを通じて、国家や天皇との関係における国民の意識にも大きな変化が生まれた。本来は「被害者」であった国民自身が「国家神道」の直接的な担い手（＝「加害者」）として立ち現れるにいたったのである。

これらのことは、「国家神道」の帝国主義イデオロギーへの転換を意味するものと考えなければならない。日本資本主義の体制的確立は、帝国主義の成立であると同時に、それにふさわしい形に日本の社会構造が再編成されることを意味しており、それはまた「神社・神道は宗教に非ず」の理念にもとづいて「国家神道」が再編・強化され、帝国主義イデオロギーとしての本質を持つものへ大きく転換することをも意味していたのであった。

## 大正デモクラシーの登場

イギリスを中心とした帝国主義諸列強の世界戦略に支えられ、その一翼を担う形で勢力を拡大した日本は、一九一四（大正三）年から始まった第一次世界大戦に連合国側の一員として参加することを通じてさらにその植民地権益を拡大し（中国にたいする二十一ヵ条要求の押しつけなど）、「成金」の言葉に示されるように、日本国内も好景気に沸きかえった。

この過程を通じて、日本の政治・経済・社会構造も大きく転換していった。経済・産業構造では、海運・造船・銀行などの七部門で独占資本が成立するなど、民間の巨大資本（財閥）が国内市場を独占する、独占資本主義（本格的独占）が成立する。また、政治・社会構造では、資本主義の発展による社会構造の変化（労働者および都市人口の増加や都市中・下層民の生活難、「個」の自立など）にともなって、専制主義的支配にたいする民衆の反発や、その改革をめざす運動・思想が噴出した。こうしたなかで一般に「大正デモクラシー」と呼ばれる思想（民本主義など）や政治運動が展開、それに支えられて一九一八（大正七）年には政党内閣制も成立した。

さらに、一九一七年のソヴィエト社会主義革命の成功の影響もあって、一九二二（大正十一）年に日本共産党が成立するなど、社会主義運動や労働運動（一九一九年に大日本労働総同盟友愛会が成立）、あるいは部落解放運動（一九二二年に全国水平社が成立）・婦人解放運動（一九一九年に新婦人協会が成立）など各種の社会運動も大きな高揚を示した。

### 柳田国男の「国家神道」批判

こうしたなかで、「国家神道」にたいする公然たる批判も登場した。

明治末年以来、南方熊楠などとともに国家の強権的な神社合祀、一村一社化に強く反対してきた柳田国男は、一九一八（大正七）年に「神道私見」（『丁酉倫理会講演集』一・二月号、『定本柳田國男集』十）を発表し、「固有信仰」の概念を用いて政府の「国家神道」政策を厳しく批判した。

柳田が、その後に発表した著作を含め、一貫して強調したもっとも重要な論点は、次の二つにある。

**(1)一般庶民の生活に基盤を置く日本宗教の歴史的な伝統に照らして考えるとき、「国家神道」はそれとはまったく異質で、「神道は宗教ではない」「神社は宗教ではない」などとする主張はともに誤っている。**

**(2)「神道としての氏神信仰」こそが日本民族固有の信仰として原始・古代から現在にいたるまで連綿と保持されつづけてきたものであり、日本の「神道」の本来のありかたである。**

この柳田の見解は、神社という宗教施設の権力的改変をテコとしながら進められた「国家神道」政策を、神社成立以前にまでさかのぼって批判しようとしたものであった。第一章で指摘した、「神社」成立の前後を通じて維持された「信仰内容の連続性」に視点を据えてその理論構築が図られているところに特徴があり、「国家神道」にたいするきわめて本質的で、厳しい批判であったと評価することができる。と同時に、そこには以下のようなきわめて深刻な問題が含まれていたことにも注意しておく必要がある〔井上寛司二〇〇六〕。

ひとつは、本居宣長のいう「日本社会に固有の習俗＝神道」を祖霊信仰＝氏神信仰と結び合わせることによって、「神道＝太古の昔から連綿と続く、自然発生的な日本固有の民族的宗教」という、まったく新たな、しかし重大な問題を抱えた「神道」概念を導き出してしまったことである。

もうひとつは、こうした次元の異なる「神道」概念を対置して「国家神道」を批判することにより、客観的には「国家神道」のもっとも本質的で深刻な問題(国家による民衆統治のための天皇中心主義的な政治支配イデオロギーとその国家的儀礼という本質)を覆い隠し、見えなくさせる役割を担うことになってしまったことである。

柳田に認められるこうした日本の歴史や文化にたいする捉えかたは、大正から昭和期にいたる研究者や文化人の多くに共有され、ひとつの思想的潮流を形づくっていた。それは、津田左右吉の日本神代史研究(実証主義的な研究方法にもとづいて、神話と歴史的事実とを区別する一方、中国とは質的に異なる日本歴史の独自性・特殊性を強調)や、美濃部達吉の天皇機関説(統治権は法人である国家にあり、天皇はその最高機関であるとする明治憲法解釈)などとも密接に結び合い、敗戦後に一般的となる象徴天皇制論の理論的先取りという位置を占めることとなった。

## 天皇制ファシズムの成立

第一次世界大戦で好景気に沸いた日本であったが、戦争の終結と戦後復興を通じて、ふたたび欧米諸列強がアジアに進出してくると、一転して深刻な不景気に見舞われ、さらにそれに追い打ちをかけるように、一九二九（昭和四）年にアメリカ発の世界恐慌が日本を襲い、日本の資本主義は未曽有の危機に直面することとなった。この危機を打開するために取った日本の方策、それが軍事力を背景とした植民地権益のさらなる拡大であった。

これよりさき、人類史上初めての悲惨な世界戦争を経験した世界では、一九二〇年の国際連盟の成立や一九二八年の不戦条約（ケロッグ・ブリアン条約ともいう。国際紛争の解決はすべて平和的手段によるとし、いっさいの武力使用禁止を定めた）に示されるように、平和な世界秩序の構築が緊急の課題とされ、それに応えるかたちで第一次大戦後のヴェルサイユ体制も構築された。

しかし、戦勝国の利益優先と、それら帝国主義諸列強による植民地支配の継続を当然とするなど、多くの不充分さを抱えていたこともあって、第一次大戦後の不況のなかで、日本では軍部や右翼を中心としてアジア・モンロー主義（米英にたいする経済上の劣勢と依存を日本の克服すべき弱点だとして、自給自足圏をアジアで確立し、真の自立を達成してこそ日本帝国の前途もまっとうできるとする考え）が台頭した。そして一九二七（昭和二）年以来、そうした考えにもとづいて中国山東省への武力発動（山東出兵）もおこなわれた。それが、世界恐慌を機に一挙に拡大され、一九三一（昭和六）年の満洲事変を画期としてファシズムへと移行していくこととなったのである。

ファシズムとは、資本主義の危機が進行するなかで、もはや議会制度やブルジョア民主主義という従来のかたちでは支配が維持できなくなり、その結果あらわれてくる「反共」を旗印に掲げ民主主義を根こそぎ否定・破壊する、きわめて暴力的で専制主義的、対外侵略的な政治支配体制のことをいう。

ドイツ・イタリアなどと異なり、日本ではそれが天皇制ファシズムとして体系化されたところに特徴があり、それは次の二つの段階を経て進められていった。

第一は、軍部の実力行使による全満洲の占領と「満洲国」の成立（一九三二年）、およびこれを認めない国際連盟からの脱退（一九三三年）、そして他方における五・一五事件（犬養毅首相の暗殺、一九三二年）による政党内閣制の否定と、国体明徴声明（一九三五年）による「大正デモクラシー」の封殺などで、そのうえに立って三七年日中戦争に突入していった。

第二段階は、対内的には戦時体制の確立を示す国家総動員法の成立（一九三八年）、対外的にはワシントン体制（ヨーロッパのヴェルサイユ体制と並ぶ極東地域の平和的新秩序）の崩壊を示す「東亜新秩序」の声明（同年、ナチス・ドイツが唱えた「ヨーロッパ新秩序」に対応するもの）と日独伊三国同盟の締結（一九四〇年）によって具体化され、そして一九四一年アメリカが日本の在米資産凍結、さらには石油輸出の全面禁止を決定したのを受けて、同年十二月一日の御前会議において対米英蘭開戦（アジア太平洋戦争）が決定された。これよりさき、一九四〇年には政党が解散して大政翼賛会に統合され、また国民の人権と市民的・政治的自由が完全に剝奪され、全国民が町内会・部落会・隣組などによって画一的に組織されることとなった。

## 猛威を振るった「国家神道」――「国民的宗教＝国家神道」論の成立

これを「天皇制ファシズム」と呼ぶのは、日本帝国主義の侵略と抑圧が軍部を中心とする天皇制官僚によって推進され、また民衆にたいする徹底的な管理と統制が天皇制権力として進められたからにほかならない。そして、「国家神道」がもっとも極限的な形であらわれ、国民に塗炭《とたん》の苦しみを与える重大な役割を担ったのも、この時期のことであった。

日清・日露戦争を契機として再編成された「国家神道」は、一九二〇年代から三〇年代にかけてそのありかたをさらに大きく変化させた。それは、さきにも少し触れたように、地方の中下層の神社・神職が主体となり、やがてそれが全国的な運動へと発展していったことによるもので、深刻な経済不況から脱却するための、下からの「新たなナショナリズム」という特徴をもっており、日本のファシズム化を下から支える役割を担うことにもなった［畔上直樹　二〇〇九］。

とくに注目されるのは、この過程を通じて、「国家の宗祀」を掌る神社への崇敬が、個人的な祈願や魂の救済を掌る宗教一般とは区別された、日本国民にとって共有の「公の宗教」＝「日本に固有の宗教」だとして、これを「国民的宗教」と呼び、それこそが「国家神道」の本質だとする読み替えがおこなわれたことであり、またそうした立場から、みずからを犠牲にして国家や天皇への忠誠に励むこと（滅私奉公）こそ帝国臣民の務めであり誇りであるなどとする主張が、神職を中心として大々的に展開され、有無をいわさず国民を戦争に駆り立てる体制が整えられていったことである。

これは、それ以前の「神社非宗教」論とは異質な「積極的神社非宗教」論というべきもので、明治初年以来政府が追求しつづけてきた「国家神道」が、ようやくここに名実ともに整えられたことを意味すると評価することができる。こうした動きは、一九二五（大正十四）年に成立し、一九二八（昭和三）年の改定、および一九四一（昭和十六）年の全面改定によって最終的な確立を見た治安維持法とも表裏一体の関係にあり、極端な天皇中心主義的な考えにもとづいて、国民の価値観そのものが強権的に一元化され、それへのいっさいの批判はもちろん、不服従・非協力さえも許さない特異な状況となってあらわれた。一九三二（昭和七）年の上智大学生の靖国参拝拒否事件を契機とする国民一般への神社参拝の強制はその具体的な一例であった。

また、靖国神社には、本来の日本国民のみならず朝鮮や中国など植民地から動員され「皇軍」の一員として戦死した人びとも祀られたが、彼らを「帝国臣民」として組織するうえにおいて、一九一九年に創建が決定された朝鮮神社(一九二五年に官幣大社朝鮮神宮と改称)を始めとする植民地神社が決定的ともいってよい重要な役割を果たした。

台湾・朝鮮・樺太・満洲や東南アジア・オセアニアなど、日本の植民地領土の拡大にともなって、それらの地域にも次々と神社が創建され、神社への参拝強制などを通じて現地の人びとを帝国臣民へと組織していった。これは、宮城《きゅうじょう》遥拝・日の丸掲揚・君が代斉唱・日本語常用・「皇国臣民の誓詞」斉唱の強制などと一体の、皇民化政策(日本人同様に天皇の忠良な臣民とするための極端な同化政策)の重要な一環をなすものであったといえる。

**アジア太平洋戦争の終結と敗戦**

しかし、こうした他民族抑圧と民主主義破壊の、極端で無謀な膨張政策が長く維持できるはずもないのは当然で、一九四三(昭和十八)年二月の日本軍のガダルカナル島撤退を機に、日本の敗色は濃厚となっていった。

一九四四(昭和十九)年六月にサイパン島が陥落した後は米軍機による日本本土への空襲も本格化し、十月のレイテ沖海戦で日本海軍は壊滅した。一九四五(昭和二十)年四月に米軍が沖縄に上陸、五月にドイツが無条件降伏した後も、軍部はなお本土決戦を唱えたが、八月に広島・長崎への原爆投下があり、ソ連が参戦するにいたって、ようやくポツダム宣言を受諾し、八月十五日の終戦を迎えることとなった。

一九三一年の満洲事変以来十五年の長きにわたった日本帝国主義のアジア侵略は、民間人を含む日本の戦死者三百十万人、同じく中国の死傷者二千四百万人（アジア諸国の死傷者数は、アジア太平洋戦争だけで二千万人以上に達する）という、あまりにも高価な代償を払って終結を迎えたのであった。

# 第五章　戦後日本と「神道」——民族の「自画像」

## 1 戦後における宗教構造の変容

### 戦後改革の流れ

日本の敗戦にともなう占領政策は、ポツダム宣言の執行を任務とする連合国軍総司令部（GHQ）の主導のもとに進められることとなった。それは実際にはアメリカの単独占領であった。

そして第二次世界大戦そのものが、

(1)自由と人権・民主主義の回復・確保を求める反ファシズム戦争
(2)帝国主義列強間の植民地獲得・再分配をめぐる帝国主義戦争
(3)その帝国主義支配と圧制からの脱却を求める民族独立・解放戦争

という三つの異なる性格をもっていたことから、日本の戦後処理と復興はきわめて複雑なかたちであらわれることとなった。

GHQは当初、(1)を中心に(3)の要素も加味し(2)を抑える占領政策を展開した。それは日本の戦後改革に、人類史を大きく前に推し進めようとする力が強く働くことになったことを意味するものとして、大いに注目される。

しかし、米ソの「冷戦」が構造化するにつれて、アメリカ独自の利益（国益）を占領政策のなかに反映させようとする力が強まることとなった。時期的には、「民主化」の時代（敗戦直後から一九四八〔昭和二十三〕年まで）「逆コース」の時代（一九四九〔昭和二十四〕年から一九五四〔昭和二十九〕年まで）の二つに区分することができる。

## 神道指令と日本国憲法

これを、戦後日本における宗教構造の変化という観点から整理してみよう。

一九四五年十二月十五日にGHQから「国家神道、神社神道ニ対スル政府ノ保証、支援、保全、監督並ニ弘布ノ廃止ニ関スル件」についての指令が発せられた。世に言う「神道指令」である。明治維新以来の「国家神道」はここに終止符を打たれることとなった。

その第二項（イ）にはこうある。


本指令ノ目的ハ宗教ヲ国家ヨリ分離スルニアル、マタ宗教ヲ政治的目的ニ誤用スルコトヲ防止シ、正確ニ同ジ機会ト保護ヲ与ヘラレル権利ヲ有スルアラユル宗教、信仰、信条ヲ正確ニ同ジ法的根拠ノ上ニ立タシメルニアル、本指令ハ啻《ただ》ニ神道ニ対シテノミナラズアラユル宗教、信仰、宗派、信条乃至哲学ノ信奉者ニ対シテモ政府ト特殊ノ関係ヲ持ツコトヲ禁ジマタ軍国主義的乃至過激ナル国家主義的「イデオロギー」ノ宣伝、弘布ヲ禁ズルモノデアル

国家と宗教、政治と宗教との明確な区別と分離、あるいは世俗の政治権力と宗教との癒着やその政治利用の禁止が謳われているのである。

翌一九四六（昭和二十一）年十一月三日には新しい憲法（日本国憲法）が公布された。ここには、国家にたいする国民の権利として次のように記されている。

〔基本的人権〕

第十一条　国民は、すべての基本的人権の享有を妨げられない。この憲法が国民に保障する基本的人権は、侵すことのできない永久の権利として、現在及び将来の国民に与へられる。

〔思想及び良心の自由〕

第十九条　思想及び良心の自由は、これを侵してはならない。

〔信教の自由〕

第二十条　信教の自由は、何人に対してもこれを保障する。いかなる宗教団体も、国から特権を受け、又は政治上の権力を行使してはならない。

②何人も、宗教上の行為、祝典、儀式又は行事に参加することを強制されない。

③国及びその機関は、宗教教育その他いかなる宗教的活動もしてはならない。

この十九、二十の二条は、宇宙観や世界観などの、人間のもっとも内面的で観念的な部分（いわゆる心の問題）をも、侵すことのできない基本的人権の不可欠にして重要な一部と認め、それへの国家権力の介入を厳しく禁じるとともに、その全面的な自由を謳っているところに重要な特徴と歴史的意義がある。そのうえに立って、宗教への国家権力の介入、および国家と宗教、政治と宗教との明確な区別と分離が謳われている。

日本国憲法は詳細な人権規定といい、また国家と宗教、政治と宗教との厳格な分離といい、世界の近代憲法のなかにあっても独自の位置を占めるものである。戦争の放棄や軍備の不保持を謳った平和条項などとともに、第二次世界大戦の終結にいたるまでの歴史の教訓に学んだ、日本国憲法のもつ優れた歴史的特徴をそこに認めることができる。

## GHQの神道理解の問題点

しかし、同時に、神道指令に関しては、重大な問題点や歴史的な限界が含まれていたことにも注意しておく必要がある。

「神道指令」第一項にはこうある（句読点は補った）。

国家指定ノ宗教乃至祭式ニ対スル信仰或ハ信仰告白ノ（直接的或ハ間接的）強制ヨリ日本国民ヲ解放スル為ニ、戦争犯罪、敗北、苦悩、困窮及ビ現在ノ悲惨ナル状態ヲ招来セル「イデオロギー」ニ対スル強制的財政援助ヨリ生ズル日本国民ノ経済的負担ヲ取リ除ク為ニ、**神道ノ教理並ニ信仰ヲ歪曲シテ日本国民ヲ欺キ侵略戦争ヘ誘導スル**タメニ意図サレタ軍国主義的並ニ過激ナル国家主義的宣伝ニ利用スルガ如キコトノ再ビ起ルコトヲ防止スル為ニ、再教育ニ依ツテ国民生活ヲ更新シ永久ノ平和及民主主義ノ理想ニ基礎ヲ置ク新日本建設ヲ実現セシムル計画ニ対シテ日本国民ヲ援助スル為ニ、茲《ここ》ニ左ノ指令ヲ発ス

さらに第二項（ハ）ではこう述べられる。

本指令ノ中ニテ意味スル国家神道ナル用語ハ、日本政府ノ法令ニ依テ宗派神道或ハ教派神道ト区別セラレタル神道ノ一派即チ国家神道乃至神社神道トシテ一般ニ知ラレタル非宗教的ナル国家的祭祀トシテ類別セラレタル神道ノ一派（国家神道或ハ神社神道）ヲ指スモノデアル

ここに示される「神道」そのものについての理解（ゴチック部分）は、柳田国男のそれ（二〇四ページ参照）とまったく同じであるといってよかろう。すなわち、GHQ自身が柳田のいう「（本来の）神道」＝「日本固有の宗教」論（ファシズム期のそれとは異なる）のうえに立って「国家神道」を批判し、その立場から戦後日本宗教の再建を考えていたと推察されるのである。

だが、この理解は「国家神道」の捉えかたがきわめて曖昧で不正確と言わねばならない。これではファシズム期はもちろん、近代日本における「国家神道」そのもののもっとも本質的で深刻な問題が理解できないばかりか、日本の神社や宗教そのものを正確に理解することもできないことは、前章までの叙述でおわかりいただけるであろう。

柳田的神道理解は、「象徴」という新しいかたちでの天皇制の存続を擁護し、のちの「象徴天皇制」の理論的前提となった。結果として近代天皇制における天皇の絶対君主と

しての側面が限りなくぼかされていく。それは天皇の戦争責任問題に顕著である。

天皇の免責は、連合国軍総司令官マッカーサーおよびそれを承認したアメリカ政府の意向によるもので、日本の占領統治をよりスムーズに進めるための政治的な思惑にほかならなかった。しかし、これが日本帝国主義の犯した重大な過ちをきわめて曖昧なものにすることとなったのは明白で、今日にいたる重大な禍根を残すこととなった。

### 靖国存続

「国家神道」の象徴というべき靖国神社を廃棄しなかった、あるいは廃棄できなかったことも重大な問題である。

前章でも指摘したように（一九七ページ）、そもそも靖国神社は「神社」一般とは大きく性格を異にする特異なものであった。

「国家神道」の理念にもとづいて国家みずからの手で創始され、維持・運営されてきたきわめて政治的・軍事的な宗教施設であり、そこに祀られる祭神は天皇（国家）のために命を捧げた軍人・軍属のみにかぎられていた。かつ、その圧倒的な部分が日清・日露戦争以後の帝国主義的な侵略戦争（とりわけアジア太平洋戦争）に、天皇の「臣下」としてその一翼を担わされた戦没者によって構成されていた。

したがって、「神社」という施設の形態や祭礼形式（常設神殿＝社殿に祭神を祀り、神社形式にしたがって祝詞を奉読するなど）が前近代以来の歴史的伝統に則っているとはいうものの、その本質は「国家神道」そのものを体現する、もっとも象徴的な宗教施設というものだった。そうであれば「国家神道」を解体する以上、当然のことながら靖国神社もまた廃絶されるべきであったということになる。

事実、GHQでも当初は、護国神社とあわせこれら「軍国的神社」の廃絶が検討され、一九四七年に公布された国有境内地処分法をこれらの「神社」に適用することも保留となった。しかし、日米安保条約とセットをなす一九五一年のサンフランシスコ講和条約の締結を機に、けっきょくは存続されることとなったのである（国有境内地の保留処分も同年に解除された）。

こうした問題点がその後の「逆コース」の時代を通じてさらに増幅、固定化し、「国家神道」の復活などといわれる今日の事態へとつながることとなった。世論の厳しい批判にあって実現していないとはいうものの、憲法改定の動きなどとも連動しながら、一九五二（昭和二十七）年に日本遺族会が靖国神社国家護持を決議し、一九五五（昭和三十）年以後靖国神社への国費支出を求める法案が再三にわたって国会に提出されているのは、そのひとつのあらわれということができる。

## 宗教構造の変容

戦後、日本の宗教のありかたは大きく変わった。

寺院各宗派や神社・キリスト教会、天理教以下の新宗教など、すべての宗教団体が宗教法人として文部大臣や地方長官への届け出のみによって自由に活動することができるようになった。これは、神道指令を受けて、一九四五年十二月二十八日に宗教法人令（一九五一年四月に宗教法人法に改定）が公布されたことによるもので、明治以後の日本では初めて、各種宗教団体が国家権力（世俗政治権力）からの規制・統制や支配を受けることなく、自由に活動できることとなった。

しかし、信者である国民の側にあっては、自分たちを悲惨な戦争へと追いやった「国家神道」や、それに協力・加担した諸宗教・宗派にたいする激しい怒りや反発から、宗教そのものとのあいだに距離を置こうとする傾向が顕著となり、そこから次のような特徴が生まれることとなった。

(a)戦前・戦時中とはその意味するところが異なるが、「宗教」そのものをきわめて限定的に捉えることによって（近代「宗教」概念の新たな形での拡大的継承）、国民の多数がそれとは無関係（「無宗教」）だとする認識が広まった

(b)これにともなって、冠婚葬祭などの宗教儀礼がいずれも「宗教」ではないとして、その社会的習俗化が新たなかたちで一挙に進行した

(c)その結果、寺院や神社などの宗教団体側では、それぞれ檀家や氏子などとしてその信者数を登録し、その総数が人口の約二倍にも達するという状況にありながら、国民の多数は「無宗教」を唱えるという、まことに奇妙なアンバランスが生まれるにいたった

さらに従来からあった多様な宗教に加えて、敗戦を機に、「雨後のタケノコ」などと称される、多彩な宗教が新しく生まれたことが挙げられる。これは、基本的には戦後の経済的窮乏とアノミーな社会状況（行為を規制する共通の価値観や道徳基準を失った混沌状況）を背景とした、当時の人びとの深刻な悩みとその現世利益的な解決願望を反映したものであったということができる［井上順孝他編　一九九四］。ただし、これらはいずれも限定的な意味での「宗教」にかかわる問題であって、国民の多数がみずからを「無宗教」（無神論とは異なる）と捉えている状況そのものに基本的な変化はなかった。

## 高度経済成長がもたらしたもの

一九五〇（昭和二十五）年から始まった朝鮮戦争に参加する在日米軍の要請に応える軍需

物資の調達など（いわゆる朝鮮特需）を通じて急速に復興を遂げた日本経済（国家独占資本主義）は、一九五五（昭和三十）年に鉱工業生産が戦前の最高時を突破するなど、「もはや「戦後」ではない」（経済白書）といわれる状況を生み出すこととなった。そしてこれ以後、国家政策に支えられた熱狂的な設備投資と技術革新を軸に、重化学工業化をめざして日本経済が轟音を立てて回転し、史上空前のテンポで経済発展を遂げることとなった。いわゆる高度経済成長の時代が訪れたのである。

一九五五年から一九七〇年代初頭にいたる高度経済成長は、一九六八（昭和四十三）年に日本のＧＤＰをアメリカに次ぐ資本主義国第二位にまで押し上げ、日本を高度に発達した先進資本主義国へと導くとともに、この過程を通じて日本社会のありかたを大きく変化させた。

第一に、農村から都市への大量の人口移動は、都市の過密化と対蹠《たいせき》的な農山漁村の過疎化・高齢化を生み出した。

第二に、国民の生活様式が大きく転換し、大量生産と大量消費に代表される「大衆消費社会」となった。

第三に、多くの不充分さを抱えていたとはいえ、社会主義国の影響などもあって社会保障制度が整備されるなど、日本社会の福祉国家化が進んだ。

こうした変化にともなって、

・三世代同居家族の解体と広範な核家族の成立

・高校・大学などへの進学率の上昇による高学歴社会の誕生

・テレビ・冷蔵庫・電気洗濯機などの耐久消費財の普及

・生活内容の都市化・近代化と国民生活の均質化

・マスメディアの発達にともなう娯楽の高度化・多様化

・国民の「中流」意識の拡大

など、日常生活のさまざまな分野や精神生活において、近世・近代以来の長い歴史過程のなかで形づくられてきた、一九五〇年代までの社会とは質的に大きく異なる、きわめて本質的といってよい巨大な変化が生まれることとなった。

宗教構造にも大きな変化が生まれた。

都市・村落構造や家族構成の変化などにともない檀家制度や氏子制度の形骸化が一挙に進行した。また、仏壇・神棚などをもたない家庭が急激に増加するなど、伝統的な宗教と国民とのかかわりが著しく希薄化した。

冠婚葬祭などの分野への商業資本の進出などともかかわって、これら社会的儀礼のもつ宗教性の希薄化がいっそう大きく進んだ。

宗教儀礼の社会的習俗化・慣習化は、ここに体制的な確立を見たと評価することができる。

一方、高度経済成長期を通じて人びとの暮らしがしだいに落ち着いてくるにつれ、敗戦直後に乱立した新宗教に一種の自然淘汰がなされ、消滅するものとさらに発展するものとにわかれた。それは人びとの宗教に求めるものが、呪術的・実利的なものから精神的・生き甲斐的なものへと変化したことを示すものであった。

### 長期不況と冷戦体制の解体

十五年以上にもおよんだ高度経済成長は、一九七一（昭和四十六）年のドルショックおよび一九七三（昭和四十八）年のオイルショックを画期として終焉を迎え、世界的な規模で低成長（長期不況）時代へと転換していくこととなった。

この時期の日本は、巨額の赤字国債の発行による大規模公共事業の推進や徹底した競争主義原理の導入による生産性の向上、あるいはそれまで大企業中心であった企業社会を下請けの中小零細企業および公的企業にまで拡大させ、全社会的な規模で強力な大企業支配体制を確立するなど、種々の方策を用いて、経済成長率という点ではなお持続的で安定的な成長を遂げた。しかし、そうした経済成長至上主義的な政策も、一九九一（平成三）年のバブル経済の崩壊によって一挙にその矛盾を露呈し、深刻な構造不況へと日本を導くこととなった。

この一九九一年というのは、冷戦下の核軍拡競争による財政破綻や、官僚主義・覇権主義などのもたらす国内外の深刻な矛盾から、ソ連が崩壊した年にも当たる。これにともなって冷戦体制に代わる、平和で安定した新しい世界秩序をどう構築するのかがあらためて真剣に問われることとなった。しかし、唯一の超大国として生き残ったアメリカが、この機会を捉えてさらに大規模なかたちで世界の富を独占しようと企て、日本政府もまたその世界戦略を積極的に担うことを通じて当面する困難を打開しようとしたところから、世界の情勢はいっそう流動的で不安定なものとなった。

## 「宗教ブーム」とその後

オイルショック以後の経済的な「行きづまり感」や、高度経済成長がもたらした公害や環境汚染の深刻化、あるいは核戦争の危機の増大などによる先行きの不透明・不安感などが高まるなか、宗教構造にも新たな変化が生まれた。いわゆる「宗教ブーム」と呼ばれる現象が起こったのがそれである。多くの書店に宗教関係書のコーナーが設けられ、とくに新宗教や、霊魂・霊性・予言などにまつわる書物がよく売れるという状況も生まれた。

その特徴として、次の二点を指摘することができよう。

第一は、信者数の増大である。文部省統計数理研究所がおこなった調査によると、日本人のなかで「信仰・信心をもっている人」の数は、一九五八年の三五パーセントから少しずつ減りつづけたが、一九七三年の二五パーセントを最後にふたたび上昇に転じ、一九七八年には三四パーセントまで回復した。

第二に、そこでもっぱら増えたのが、神秘体験と奇跡を起こす霊術などを重視する霊術系の新宗教で、その信者のなかに多くの若者が含まれていたことである。

こうした霊術系の新宗教を、それ以前の宗教と区別して「新新宗教」と捉える見かたも提示されているが、その名称はともかく、事の本質は「欲望の呪縛」による自己疎外からの脱却希求、すなわち「ものの豊かさ」がもたらした「心の貧しさ」、そのアンバランスからの脱却を宗教に求めるという、資本主義社会に固有の特徴や矛盾のひとつのあらわれと考えるべきものであろう［小沢浩　一九九五］。

こうした霊術系宗教の抱える問題点が、一九九五（平成七）年のオウム真理教による地下鉄サリン事件という形で顕在化した。「宗教」の名のもとに多数の人びとを無差別に殺傷するという、その反社会的行為がいかなる弁解の余地もない社会的犯罪であったことは明白で、あらためて日本国憲法に定められた人権規定が重要な意味を持つこととなった。

さきに紹介した、第十一条に続く第十二、十三の次の条文である。

〔自由・権利の保持の責任とその濫用の禁止〕
第十二条　この憲法が国民に保障する自由及び権利は、国民の不断の努力によつて、これを保持しなければならない。又、国民は、これを濫用してはならないのであつて、常に公共の福祉のためにこれを利用する責任を負ふ。
〔個人の尊重・幸福追求権・公共の福祉〕
第十三条　すべて国民は、個人として尊重される。生命、自由及び幸福追求に対する国民の権利については、公共の福祉に反しない限り、立法その他の国政の上で、最大の尊重を必要とする。

ここに定められた「公共の福祉」の実現とは、思想・信条や価値観の違いを含め、人間としての尊厳を相互に認め合い、その上に立ってともに手を携えて平和で安全、安定した社会を構築していくことを意味するものにほかならず、宗教と日常の世俗生活との明確な区別と連関についての、重要なヒントがそこに含まれていると考えることができよう。

そして、この地下鉄サリン事件がもたらした社会的混乱と、それへの厳しい批判の高まりの中で、あらためて狭義の「宗教」への嫌悪感が広がり、「無宗教」者が日本国民の約七割を占めるという今日の状況もまた生まれることとなった。

## 2　柳田「神道」論の問題点

### 二重の誤り

さて、これまで述べてきたことの総括をかねて、戦後の日本において、世界的な常識とまでされるにいたった柳田国男の「神道」論、すなわち「神道《シントウ》は、太古の昔から現在にいたるまで連綿と続く、自然発生的な日本固有の民族的宗教である」とする理解の、どこにどのような問題が含まれているのかを、あらためて簡単に整理することとしよう。

こうした理解の問題点は、主要には次の三点、すなわち、

A　呼称
B　歴史的な「神道」の実態
C　日本の宗教の実態

の理解にあると考えられる。

まず、Aの呼称に関しては、とくに次の二点が重要だといえよう。

第一に、「神道」を「シントウ」と清音で読むようになったのは中世になってから、そしてそれが広く定着したのは中世末から近世初頭にかけてのことであって、けっして「太古の昔から」というわけではない。それ以前、そして本来の「神道」が「シンドウ」もしくは「ジンドウ」と濁音で読まれていたことに注意する必要がある。

第二に、より重要なことは、その濁音表記から清音表記への転換がもった意味である。柳田が「神道」という場合、その念頭にあったのは自然信仰としてのカミ祭りで、それを「シントウ」と呼んだのであった。しかし、Bでも述べるように、中国伝来の「シンドウ」「ジンドウ」から日本に特有な「シントウ」への転換が起こったのは、柳田のいうそれとは別の「神道」概念にこそあったと考えなければならない。カミ祭りにおける、そのカミの実態として提示された古代天皇神話上の神々とそれについての観念的で思想的な解釈（「神道」教説）こそが、「シンドウ」「ジンドウ」から「シントウ」への転換を促す基軸に位置していた。柳田の理解が二重の意味で誤っていることは明白だといえよう。

## 時代の変化にともなって

Bは、日本の歴史上に展開した「神道」が、実際にはどのようなものであったのかにかかわる問題である。柳田は、先述のように、自然信仰としてのカミ祭りこそが日本の「神道」の本質で、それが原始・古代から現在まで変わることなく維持されてきたと考えた。しかし、「神道」の概念は、柳田の理解とは異なって、時代の変化にともなって大きく変動した。

なにより重要なのは、各時代において「神道」概念の基軸を担ったのが、柳田の考えるものとは異なっていたことである。「神道」の用語が中国から導入された古代にあっては、いまだその内容が明確なかたちで定まらず、カミ祭りにおける「神の権威・力・はたらきや神そのもの」という、きわめて漠然としたものであった。

それが中世への移行にともなって大きく変化するとともに、日本独自の意味をもってくる。日本の「神道」は中世にこそ成立したのである。それは、神社の祭神である『古事記』『日本書紀』などに記された天皇神話上の神々と、それについての観念的で思想的な解釈（「神道」教説）というものである。これに対し、カミ祭りの儀礼体系そのものも神祇道の略称として「神道」と呼ばれたが、中世にあっては右にくらべ副次的で派生的な位置にとどまった。

中世末から近世にかけて、「神道」の内容はまた大きく変化する。吉田兼倶が、唯一神道論にもとづく、より整備された新たな教義と儀礼体系を創出し、それらを結び合わせ、寺院・仏教に対抗する独自の宗教システム（吉田神道）を構築したからである。

吉田家ではあらためてこれを「神祇道」＝「神道《シントウ》」と称したが、近世幕藩制の成立にともなって、政治支配思想としての「神道」教説そのものが天皇統治の理念ともかかわって独自の重要性をもつようになり、しだいにその比重を増していった。林羅山の理当心地神道などの儒家神道から始まって、山崎闇斎の垂加神道、本居宣長・平田篤胤などの国学神道（復古神道）へといたる近世「神道」論の系譜はともにこれに属するものであった。

## 「復古」が「国家」へ

幕末から近代にかけて、「神道」概念はさらに転換する。

欧米諸列強の脅威にさらされるなかで登場した国体思想にもとづいて国学的「復古神道」論の読み替えがおこなわれ、国家権力による強権的な神社の再編成と政治利用を通じて、民衆統治のための政治的・国家的イデオロギー（政治支配思想）としての本質をもつ「国家神道」が成立していった。

「国家神道」は、「宗教」（西欧から導入されたReligionの訳語としての、キリスト教など特定の教祖・教義をもつ信仰体系）と明確に区別され、信仰の如何にかかわらず、日本国民のすべてが実行・遵守しなければならないとされた、天皇や神社への崇敬などの道徳的規範とそのための公的・国家的な儀礼のことをいう。

一方、明治維新期における「神仏分離」と「国家神道」の成立過程を通じて、神社祭祀や神祇信仰そのものを「神道」とする捉えかたがあらためて浮上し、やがてそのうちの一部が教派神道として定着していく。しかし、政府がみずから繰り返し「神道は宗教に非ず」「神社は宗教に非ず」と表明したことにも示されているように、近代を通じて「国家神道」が「神道」概念の中心に位置したのは疑いない。ただし、日清・日露戦争以後、とくに戦前のファシズム期に、「国家の宗祀」を掌る神社への崇敬そのものが日本の「公の宗教」＝「国民的宗教」＝「国家神道」と読み替えられ、植民地を含む帝国臣民の全員に神社への参拝が強制され、国民を戦争に駆り立てる重要な役割を担うことにもなったのであった。

## 性格の異なる二系統の「神道」

以上のように、中国から伝来した「神道」の用語は、日本独自の意味を担う形で成立する中世以後、常に異質な二つの意味で用いられ、その内容も時代とともに大きく変化してきた。あらためてこれを整理すれば次のようになろう。

〔中世〕①神社祭神としての天皇神話上の神々とそれについての思想的解釈、②カミ祭りのための儀礼の体系（神祇道）。①を基本とする。

〔近世〕①中世の①と②を結合した神社祭祀の教義と儀礼体系（神祇道＝吉田神道）、②天皇神話の思想的解釈に基づく国家統治の理念＝「神の道」。近世を通じて②が優勢となるとともに、①もその中に組み込まれていった。

〔近代〕①皇祖神アマテラスおよび天皇による国家統治の理念とそのための儀礼体系＝「国家の宗祀」、②神社祭祀や神祇信仰そのもの、及び①の下での教化集団。①を基本とする。


これによってみると、中世の①を踏まえて近世の②が、そしてそれを踏まえて近代の①が登場し、その内容も次第に整備され、肥大化していったことがわかる。これらはひとつの系列（これを(a)としよう）に連なっているのであって、それがさきの敗戦によって解体したのであった。

これに対し、中世の②と近世の①及び近代の②は、いずれも神祇道としての共通の特徴をもち（教派神道はやや性格が異なるが）、各時代にあってともに副次的な位置を占めたことが知られる。これまたひとつの系列（こちらは(b)とする）をなしているといってよいが、(a)のような時代の推移にともなう大きな質的変化は認められない。(a)と(b)は系統を異にするのみならず、その性質もまた異なっているのである。その特徴を一言でいえば、(a)が基本的には民衆統治のための政治支配思想（宗教的政治イデオロギー）という性格をもつのに対し、(b)は神社祭祀や神祇信仰そのものであったと考えることができよう（教派神道を除く）。日本に固有の概念としての「神道」が成立する以前の古代信仰（カミ祭りの儀礼［神祇道］や神そのものとして理解された）が(b)の系列に属すのはいうまでもない。

以上の点を踏まえて、あらためて柳田の「神道」論を見てみると、戦前・戦時中の(a)系統の「国家神道」に対する批判を踏まえ、古代〜近代の(b)系統の「神祇道」の系譜の上に、「自然発生的な日本固有の民族的宗教」というまったく新たな独自の「神道」概念を導き出したと理解することができる。

柳田のこの指摘がひとつの重要な問題提起であったことは疑いないが、しかしそこには重大な問題が含まれていた。それは、柳田が異なる二系統の「神道」の存在やその質的な違いを理解せず、「国家神道」を「偽の神道」として切り捨てる一方で、宣長のいう(a)系統の「神道」と(b)系統のそれをひとつに結びあわせ、混同させてしまったことである。今日にいたる、「神道」や「国家神道」の理解をめぐる混乱した議論は、ここにその歴史的起点をもつと考えられるのである。

## 「日本固有」というならば……

Cの日本宗教の歴史的な実態についても、柳田の理解は明らかな事実誤認のうえに組み立てられている。柳田「固有信仰」論の特徴は、

(1)仏教が伝えられる以前の素朴なカミ祭りを神祇信仰と捉え、それが日本に固有の民族的宗教だとしていること

(2)そしてそれが原始・古代から現在にいたるまで、変わることなく連綿と続いてきたとしていること

にある。しかし、日本固有というのであれば、神祇信仰のみならず、陰陽道や修験道も挙げなければならないし、仏教に関しても、浄土宗や浄土真宗・日蓮宗をはじめとして、日本で独自に成立し発展を遂げた諸宗派を含め、仏教それ自体が日本的宗教として発展してきたというのが実際で、神祇信仰だけを取り出して、それを日本固有と考えることはできない。

なにより問題なのは、柳田が神祇道を仏教などと截然《せつぜん》と区別し、対比させることによって、それとは異なる別個の宗教と捉え、それを「日本固有の宗教」としていることであ

る。実際は、仏教（仏道）や神祇道・修験道・陰陽道などをそれぞれ区別しながらも、時と処に応じてそれらを適宜使い分け、ともに信仰の対象とする、「融通無碍な多神教」こそが日本の宗教のもっとも基本的な性格であり、特徴であった。

各時代を超えて連綿と続いてきたというのも、この「融通無碍な多神教」という宗教構造（その内容やありかたは時代によって異なる）なのであって、それを神社や神祇信仰だけの問題として論じるのは正しくない。しかも、それは「太古の昔から」ではなく、基本的には日本的な「神仏習合」が体制的に確立した中世以後、最大限さかのぼっても寺院や仏教に対抗して日本固有の宗教施設としての「神社」が創出され、それに見合った儀礼体系が整備されていった古代律令制成立期以後のことなのである。こうした歴史過程を、部分的な連続性の側面だけを取り出して論じることが誤りであるのは、あまりにも明白だといえよう。

## 柳田の歴史的限界

では、柳田の抱えるこうした問題点は、どこにその原因があったと考えればよいのか。結論的にいって、とくに注意する必要があるのは、インペリアル・デモクラシー（帝国民主主義）とも呼ばれる大正デモクラシー期の研究者に共通して認められる、

(1)独善的な日本中心主義
(2)天皇制支配との非対決
(3)それらを支える日本の歴史や宗教についての不正確な理解

の三点であろう。ここでは(3)は問わない（第3節でくわしく述べる）。

(1)は、柳田が近代とくに日清・日露戦争後の帝国主義的植民地支配の成立にともなって著しく増幅された、古代の「小帝国主義」以来の悪しき観念的伝統や、神国思想・国体思想などの影響を強く受けていたことを意味するもので、柳田の提起した「固有信仰」論が本居宣長の学説に基点を置いているところに、それは如実に示されている。

第四章でも指摘したように、本居宣長のいう「日本社会に固有の習俗＝神の道」を祖霊信仰＝氏神信仰と結び合わせることによって、「神道＝日本固有の民族的宗教」という、まったく新たな「神道」論を導き出したのが柳田であった。柳田は、宣長が日本中心主義的な「漢意排除」の観点から国学神道（復古神道）を大成し、荻生徂徠などのいう古代聖人によって作られた道が日本ではもともと太古の昔から習俗として備わっていたとした、その習俗と長期にわたる持続性を宗教論として再構成したのである。

さらに柳田は、文献至上主義的な近世国学の不充分さを指摘し、神道史と民俗学との接合によって「国の神道の推移を跡づける」ことこそ重要で、それが「国家神道」に代わる

「真の神道」論を構築する道だとして、それを「新国学」と名づけた。柳田のめざすものが宣長と同じ、その延長線上にあったことは明らかであろう。

(2)の論点も、右のことと密接に結び合っている。柳田は、こうした習俗がなぜ日本にだけ生まれ、長期にわたって持続したのかについて、天皇・皇室が範を示し、国民がそれに倣ってきたから、そしてそれが「国初」(国の始まり)以来、現在にいたるまでまったく変わることがないからだと説明した。

しかし、それが歴史的な事実だとする具体的な根拠はいっさい示されることなく、いわば当然のこととして一方的に議論が進められる。すなわち、柳田にとって天皇による日本の国家統治はあらためて論証する必要もない自明の事柄なのであって、当然のことながらこの、天皇制支配との対決やその客観的で批判的な検討などという視点はどこにも存在しない。

この、天皇を中心とした、日本にだけ認められる独自の国のありようという問題の捉えかたが、「国体論」のもっとも中核に位置していたことはあらためて指摘するまでもない。その意味において、柳田は「国家神道」と本質的に同じ土俵のうえに立っていたということになる。

ただし、権力的で専制主義的な天皇制支配に反対し、国家的統合の象徴や権威としての社会的・文化的な天皇制のありかたを求めるという点で、津田左右吉などと同じく、柳田の理解は戦後の象徴天皇制論を先取りするものであった。GHQが柳田の学説に依拠しようとした、もっとも重要な要因もまさにここにあったといえる。日本国憲法の抱える重大な弱点、歴史的限界とも評される象徴天皇制論は、こうした歴史的背景にも支えられていたと考えられるのである。

## 3　戦後史のなかの柳田「神道」論

### 柳田の思い

以上のように、柳田の「神道」論はいくつかの注目すべき重要な論点を含みながらも、本質的には「国家神道」と多くの共通性を持つもので、歴史認識という点でも重大な問題点を含んでいたと考えなければならない。にもかかわらず、敗戦から半世紀以上を経た今日にあっても、なお依然として社会的常識としての位置を保ちつづけている。いったいなぜなのか。いま一歩踏み込んで、柳田「神道」論のもつ意味について考えてみることとしよう。

柳田の「神道」論は、「国家神道」に対する拒否感や嫌悪感、あるいは敗戦にともなう価値観の劇的な転換や将来への不安など、敗戦直後の日本国民の多くが抱え、直面していた困難や思想的課題に直接的に応えようとするものでもあったところから、戦後の日本においてまたたく間に広く社会のなかに浸透し、疑う余地のない社会的常識として定着していくこととなった。それは、戦前・戦時中を通して提起しつづけてきた柳田の「神道」論と「国家神道」批判が、敗戦を機に一挙に陽の目を見るにいたったことを意味するものであり、柳田自身の強く願うところでもあった。

終戦の四日前に当たる一九四五（昭和二十）年八月十一日の日記『炭焼日記』に、「いよ〳〵働かねばならぬ世になりぬ」（『定本柳田國男集』別巻四）と記した柳田は、敗戦の翌年に刊行された『祭日考』（「窓の燈」）の中で、次のように述べている。

> 是からさき神道はどうなつて行くか、どうなるのが民族全体の為に、最も幸福であらうか、それは微力で直ちに決しられないとしても、少なくともそれを考へるのに、どれだけの予備知識を持つて居なければならぬか、少なくともその最後の問題に、答へようとするのが自分の最近の仕事であつた。（『定本柳田國男集』十一）

そのことは、当時最も身近にいた堀一郎が、岳父柳田の様子を記した次の一文にもよく示されている。

戦争末期から終戦後にわたる学問は、もはや愛国以上の、切端つまった憂国の熱情が、神道研究の上にほとばしった感が深い。しかもそれは、決して単に専門神職のための神道研究、理論や考証の学としての神道研究ではなかった。実に精神的混迷のなかに投げ出されている一般民衆に、自己と民族に内在している価値を見出させ、それに自信と誇りを実証的裏づけをもって与えようと試みた研究であったことは、見遁《みのが》してはならないように思う。（同右、月報）

柳田の目が敗戦に戸惑い、悩む一般民衆の上に注がれていたことは明らかで、そこに柳田「神道」論の、注目すべき重要な特徴のひとつと積極的な意味を見出すことができる。

## 柳田「神道」論の正と負

しかし、柳田の「神道」論が柳田自身の予測をも上まわる形で急速に広がっていった背景には、いまひとつGHQや神道界からの大きな期待と支持という問題があった。内野吾郎が、柳田の「神道」説は「戦後占領軍の描く〈神道像〉にぴったり一致する……そして当時の神道界――具体的には神社本庁や國學院――が最も要望していた」もので、「かくて〈柳田学〉とその学派は、神道界でも高く再評価され、一層脚光を浴びることになった。柳田先生の身辺は急にいそがしくなった。あるいは先生自身の予想や思わくを遥かに超えて、戦後急速に再び社会の表面に登壇することになった」と指摘しているのは、その間の事情をよく伝えるものといえるであろう〔内野吾郎　一九八三〕。

では、こうした柳田の「神道」論とは、彼が提起した民俗学ともかかわって、どのように評価されるべきものなのであろうか。まず、評価できる点としてとくに次の二点を確認しておく必要があろう。

(1)習俗や風習など、文献には現れない、あるいは現れにくい庶民生活や信仰の実態に即して「神道」論の再構成を試みたこと。これは、文献史料の欠を補うという史料論としても、また中央政府の施策や国家の側からではなく、庶民生活の実態に即して歴史を捉え返すという点でも重要な問題提起であったといえる。

(2)生活習慣や宗教儀礼など、長期にわたって持続される波長の長い歴史事象を視野に入れて「神道」論の再構成を試みたこと。これまた、右のことと密接にかかわるところであるが、波長の異なる歴史事象の複合的統一体として歴史を捉えるという、歴史分析の方法論としても重要な問題提起であった。

これらの点は、敗戦にいたるまでの大学を中心とした歴史学の主流（いわゆる「官学アカデミズム」）が、もっぱら文献史料のみに依拠し、また国家（中央政府）や政治史の解明に歴史分析の主眼を置くなどの、大きな限界や弱点を抱えてきたことに対する批判という意味も含まれていて、そこに柳田民俗学・「神道」論の新しさと重要性もあった。

しかし、前節で指摘した柳田の抱える歴史的な限界ともかかわって、柳田の「神道」論には歴史分析の方法という点で、次のようないくつかの重要な問題点も含まれていた。

**①超歴史的・非歴史的な思考方法**

これは、個々の歴史事象として抽出される「波長の違い」とは明らかに異質で、時代や社会の変化と無関係に、民族的宗教としての「神道」がいわば宿命的、超歴史的に存続するとされるところに示されている。

**②自国中心主義**

この点はすでに前節において指摘したところで、右の①と結びあうところに柳田の天皇制理解が位置していた。すなわち、天皇制に対する無批判と無条件的な承認という非学問的な姿勢が、この①と②を生み出す共通の基盤になっていた（両者は表裏一体の関係）と考えられるのである。

### ③恣意的な歴史の解釈

これは、「国家神道」を本来の「神道」ではないとして一方的に切り捨てるところに示されている。「国家神道」の構造や特質など、それ自体に即した内在的な批判ではなく、「真の神道」などというまったく別の基準をその外側に設定し、これに合致しないとして「国家神道」を切り捨てるこの手法は、その「基準」そのものの曖昧さや問題点ともかかわって、きわめて主観的で独断的な歴史認識へと柳田を導くことになったと考えざるをえない。

## 戦後の歴史学界と「日本文化論」

問題は、こうした重大な問題点を抱えた柳田「神道」論が、敗戦直後はともかく、二十一世紀を迎えた今日にあっても、なお依然として社会的常識としての位置を保ちつづけているのはなぜか、ということにある。

その主要な原因として考えられるのは、次の三つであろう。

(a)戦後歴史学のありかた

(b)「日本文化論」の影響

(c)日本国民の歴史意識と歴史認識のありかた

(a)については、とくに二つの点が問題となる。ひとつは、戦後の歴史学界で「国家神道」の研究が重要な課題として提起され、村上重良［一九七〇］を始めとして一定の前進は見られたが、不用意に柳田「神道」論を前提として研究が進められたこともあって混乱におちいり、いまだ十分にその全容を解明できずにいることである［井上寛司　二〇〇六］。いまひとつは、国民の意識を反映し、歴史学界全体に戦前の「国家神道」に対する強い忌避感が存在したことなどもあって、神社史や神社祭祀・神祇信仰の研究への本格的な取り組みが大幅におくれ、この点でも柳田「神道」論を克服するのに大きな困難を抱えてしまったことである。これらの点については、「むすびに」であらためて触れることとする。

(b)の「日本文化論」とは、一九六〇年代以後、とりわけ中曽根康弘首相が登場し「戦後政治の総決算」政策を推進した一九八〇年代以後に、梅原猛《うめはらたけし》や上山春平《うえやましゅんぺい》らのいわゆる「新京都学派」と呼ばれる哲学者たちが展開した、日本文化の特殊性・優越性を唱える自国文化中心主義のことである。

「日本文化論」そのものは戦前・戦時中の西田幾多郎《にしだきたろう》や和辻哲郎《わつじてつろう》を始めとして何度となく提起され、その主張内容も本質的には形を変えた繰りかえしというのが実際のところであるが、一見学問的な手法を用いて議論を展開し、また多数の一般市民向け著作を通じて多くの読者を獲得するなど、大きな社会的影響力をもつところに、従来とは異なる新しさと特徴がある。とくに注意を要するのは、古代史を始め、歴史を素材として議論が展開されていることで、そこに柳田「神道」論との接点もある。

その代表的論者とされる上山と梅原は、細部において異なるところもあるが、基本的な発想や枠組みは共通しており、相互に支え合う関係にある。これらのことを念頭に置いて、ここでは現在もなお活発な活動を続けている梅原猛の所説について、少し踏み込んで考えてみることとしよう。

### 「梅原日本学」と「縄魂」論

「梅原流の日本学」と称されるその「日本文化論」に関しては、すでに多くの批判的な検討がなされていて〔岩井忠熊　一九八七、鯵坂真他　一九九一など〕、ほぼ論点は出尽くしたといってよいが、本書の視点からあらためて整理しておくこととする。

まず、その所説の内容として注目されるのは次の点であろう。

(1)日本文化の原型は日本列島が誕生した縄文時代に成立したものだとして、縄文文化をとりわけ重視する。そしてその縄文文化がもっとも栄え、その名残が今日にも伝わるとして、東北地方を「日本のふるさと」と捉え、重視する。

(2)縄文＝狩猟採集文化が「生命の一体化」「生命の循環」という世界観を生み出し、そしてそこから「和」の思想も生まれたとして、この三つの「思想」を日本文化の原理として重視し、こうした縄文文化の本質を「縄魂」と捉える。

(3)この縄文文化（「縄魂」）が、日本文化の「基層」「深層」として、その後の日本独自の文化を創造する原動力になったと評価する。

(4)こうした日本文化のありかたや特徴は単に日本固有というにとどまらず、人間中心主義の近代ヨーロッパ哲学に毒されて自然を破壊しつづけてきた世界文明の危機を救うレメディ（救済策）だと強調する。

次は、こうした理解を導き出す理論的前提や方法論というべきもので、以下のような特徴と問題点が指摘できるであろう。

①日本列島＝「日本」＝「日本（単一）民族」という、学問的にはすでにその誤りが明確となったきわめて非科学的な歴史認識を前提としている。

②歴史学の研究成果の無視、及び歴史的事実に対する恣意的・独断的な解釈の上に

立って、議論が展開されている。記紀神話の内容を歴史的事実とみなし、あるいは聖徳太子が古代律令制国家を成立させたとするなど、それはほとんどすべての問題に及んでいて、およそ歴史的事実に対する客観的で正確な理解を踏まえた考察になっているとは認めがたい。

③もっぱらレトリック（巧妙な言いまわし）とアナロジー（類推）の駆使、及び歴史事象の恣意的で独断的な結び合わせによって歴史像の再構成が進められている。

「生命の循環」を証明するために用いられた次のような論法にその一端が示されている。

霊の死・復活の思想も決して迷信的なことではない。それは今では遺伝子の法則という形で明らかにされていることである。なぜ子供は親に似ているのか。……遺伝子は永遠に生き残り、次から次へと時代を越えて伝えられていくのである。霊の甦りということは信じ難いと思われるかもしれないが、霊を遺伝子に置き換えたならば、それは全く日常的に行われていることなのである。まさに遺伝子は不死であり、それは永遠に子から孫へ伝えられていく。（「アニミズム再考」、国際日本文化研究センター紀要『日本研究』第一集）

科学的にはまったくその存在が証明されていない、また証明できるはずもない「霊」を遺伝子と「置き換える」ことによって「生命の循環」を説明する、こうした論法に基づく議論がおよそ学問の名に値しないことは明白であろう。

## 「日本文化論」と柳田「神道」論

この「梅原日本学」を、さきの柳田「神道」論の場合と同じく歴史分析方法という観点から整理すると、その内容に若干の違いがあるとはいえ、先に指摘した「超歴史的・非歴史的な思考方法」「自国中心主義」「恣意的な歴史の解釈」の三点ともに共通していることがわかる。とくに「超歴史的・非歴史的な思考方法」に関しては、縄文文化に認められる三つの「思想」や理念が現在にいたるまで歴史貫通的に存在することが日本文化の特質だというわけであるから、それが顕著なのはむしろ当然のことだといえる。

すなわち、梅原は日本の歴史を素材（考察の対象）としてはいるが、歴史がどのような矛盾を抱え、それらの解決を通じてどのように変化・発展していったのかなどということにはまったく関心がなく、もっぱら各時代を通じて縄文文化の理念がいかに顕現しているかを確認することに視点が注がれている。これは、言葉を換えていえば、あらかじめ設定された理念に合致する(=自分が必要とする、あるいは都合のよい)事象だけを歴史のなかから抽出する、あるいはそうした視点から「歴史を解釈する」ということであって、「恣意的な歴史の解釈」の最たるものということになる。

こうした歴史分析方法の共通性からも推測できるように、梅原と柳田の「神道」理解には多くの共通点が認められる。

梅原の「神道」論の大きな特徴のひとつは、これをアニミズムそのものとして理解することにある。この場合、アニミズムとはさきに指摘した「縄魂」、すなわち生物・無機物のすべてに霊魂と生命を認めること、その霊魂がつねに輪廻転生して甦り、再生することの二点で捉えられ、このようなアニミズムが日本文化の原像であり、人類の世界観として必要欠くべからざるものと評価される。「神道」は縄文時代に成立した日本文化の本質そのもの――これが梅原のいう「神道」なのである。

しかし、その後「神道」は大きく変化していった。梅原は、「日本の神道は明治以降の近代国家の成立期、そして律令国家の成立期に大きく変わった」(『〔森の思想〕が人類を救う』)として、これら後からつけ加わった「新しい神道」はともに「国家神道」としての特徴を持ち、本来の「神道」とは異質で、除去されなければならないという。

梅原が「神道」の成立期を縄文時代までさかのぼらせていること、あるいは近代の「国家神道」のみならず、律令国家成立期の「祓《はらえ》・禊《みそぎ》の神道」もまた「国家神道」と捉えていることなど、一部に柳田との違いも認められるが、しかし「国家神道」を本来の「神道」とは異質だとして排除することを含め、「神道」についての基本的な理解や捉えかたが柳田と共通していることは明白であろう。

梅原「日本文化論」は柳田「神道」論を踏まえ、それをさらに発展させたものであり、逆に柳田「神道」論は梅原などの「日本文化論」によって「補強」「拡充」され、いっそうその影響力を拡大させることにもなったといえる。梅原と柳田は、相互に支え合い、補い合うという関係にあり、それが柳田「神道」論存続のひとつの大きな要因にもなっていると考えられるのである。

## 二十一世紀への展望を開くために

柳田「神道」論存続の第三の要因(c)「日本国民の歴史意識と歴史認識のありかた」に関しては、とくに次の点が重要であろう。すなわち、柳田の「神道」論が今日にいたるもなお国民的常識だということは、私たち日本国民自身が柳田や梅原の抱える弱点や問題点を十分克服しえずにいる、ないしは無意識のうちに彼らと同じ歴史認識の上に立ってしまっていると考えざるをえないということである。

いったい、なぜこういうことになったのか。

その原因のひとつとして考えられるのは、日本における最初の本格的な国家（古代律令制国家）成立以来の長い歴史過程の中で培われてきた、独善的で偏狭な自国中心主義などの悪しき観念的伝統を、私たち国民自身もまた無意識のうちにみずからのものとしてしまっていて、そのことを十分に自覚化し、克服することができずにいることである。

それとともに、いまひとつ注意する必要があるのは、日清・日露戦争以後、とりわけ満洲事変以後のファシズム期において、国民自身が「国家神道」の直接的な担い手として加害者の立場に立ってしまった、その苦い体験をこれまた十分総括できずにいることである。

これらの問題は、もちろん国民（一般民衆）の側に直接責任があるのではなく、実際には時の権力や国家の命令・施策に従ったまでのこと、あるいは好むと好まないとにかかわらずそうせざるをえなかったという性格のものともいえるが、しかしそうした点を含め、それら全体を客観的に捉えかえし、その的確な総括を踏まえて未来への確かな展望を開くよう努めることが、二十一世紀を迎えたいま強く求められている。

私たち自身の歴史（自分史）を振りかえれば明らかなように、私たちの人生はけっして成功のみの連続ではない。大きな失敗や過ちを犯すことがあるのは、むしろごく一般的なことだといえる。そして、私たちはそうした苦い体験や失敗に学び、そこから教訓を引き出し、それを糧としながら成長を遂げていく。このことは日本の歴史についてもまったく同様で、そこに歴史を学ぶひとつの重要な意味もある。

ところが近年、「戦後政治の総決算」の動きなどともかかわって、「自虐史観」などと称して、かつての日本(日本帝国主義など)が犯した大きな過ちに目を塞ぎ、フタをし、またそれについての客観的で科学的な指摘や解明そのものを激しく攻撃する動きが強まっている。先述した日本文化の特殊性や優位性を一面的に強調する動きは、実はこうした動向と表裏一体をなす形で進められているのでる。

しかし、こうした歴史認識のありかたや歴史とのスタンスの取りかたが、二十一世紀の展望を開きえない、それを閉ざすものであることは明白だといわなければならない。ひとつには、こうした傲慢で手前勝手な歴史認識や主張が東アジアを含む国際社会に受け容れられるはずもなく、国際社会から孤立し、国際的な信用をも失墜させることとならざるをえないから。ふたつには、逆にそのことによって日本国憲法や多数の文化遺産など、本来日本が世界に誇ることのできる歴史や民族の持つ多くの優れた歴史的遺産や成果を世界に向かって堂々と主張することができないこと、あるいはそれらに十分な自信を持つことができないことにもならざるをえないから。さらに三つには、何よりも、自然環境の悪化やエネルギー・資源の枯渇問題など、人類が知性と理性をもって未来を切り開いていかなければならない時代状況のなかにあって、まったくその方向に反することから時代遅れとなり、世界から取り残されてゆかざるをえないからである。

日本や世界全体が重大な歴史的転換点を迎えているこの二十一世紀を、より確かで豊かな展望のあるものとするためにも、私たちの歴史認識や歴史意識を鍛えなおすよう努めることが必要なのではないだろうか。

「国家神道」を掲げ、帝国主義的植民地支配という形で戦前の日本が犯した大きな過ち、それへの自覚的で真摯な反省と、二度とそうした過ちを繰り返さないという日本国憲法の前文に示された決意を、私たち日本国民自身が真にみずからのものとしてこそ、靖国神社の問題を含め、「国家神道」からの本当の意味での決別と解放もまた可能となることに改めて注意しておくことが重要だといえよう。

# むすびに

## 近年の歴史学界では

本書では、戦前・戦時中の柳田国男によって提起され、戦後の社会的常識として広く受け容れられてきた、「神道《シントウ》は、太古の昔から現在にいたるまで連綿と続く、自然発生的な日本固有の民族的宗教である」との理解が、日本の歴史や宗教の実態に即していかに認めがたいものであるかを指摘した。

このうち、「神道」が自然発生的で、その起源が縄文・弥生時代などの太古の昔にさかのぼるという点に関しては、近年の歴史学界でもこれを誤りだとする理解が広がりつつあり、本書の主張が特段の新しさを持つというわけではない。それは、日本の「神道」がいつ、どのようにして成立したのかを、それ自体として客観的に解明する必要があるとの認識が広がってきたことによるもので、当然のこととはいえ、重要な学問の前進だと評価できる。

その結果、近年の歴史学界では、日本の「神道」は古代に成立したとの理解が広がりつつあり、その内容は大きく二つに分かれる。ひとつは、天武・持統朝期の国家的な神祇体系の成立期、いまひとつは平安初期・桓武朝期の「神仏隔離」原則が明確となった時期で、とくに後者では仏教との対抗関係のなかで「神道」の自覚化が進み、日本の「神道」が成立したと理解されている〔岡田莊司編 二〇一〇、高取正男 一九七九〕。

しかし、こうした理解には次のような問題が含まれていて、従うことができない。それは、これらの見解がともに柳田と同じく「神道」を「日本固有の民族的宗教」と理解していること、しかし実際は儀礼の体系としての「神祇道」というべきもので、教義・教典などを含む一個の体系性を持った仏教に比肩されるような自立的な宗教とは認めがたいからである。

もちろん、体系的な教義や教典を持たない「神祇道」などを広い意味での宗教と捉えることも一般的には可能といえるが、しかし仏教と対比し、それとは別の「日本固有の民族的宗教」だというためには、仏教に対抗できるだけの体系的な教義ないしそれに準ずるものは不可欠で、それらを欠く「神祇道」を「一個の自立した宗教」と考えるのは、やはり困難だといわなければならないであろう。

いまひとつ問題となるのは、柳田がそうであったように、右のような理解では「国家神道」を十分に捉えきることができないことである。「日本神道史」上のもっとも深刻な問題のひとつである「国家神道」を捉えきれないような「神道」概念の設定や「神道」理解が、学問的に十分な有効性を保ち得ないことは明らかだといわなければならない。「神道《シントウ》」の成立について論じることは、「国家神道」をも視野のなかに収め、その全体を整合的に理解、説明できるものでなければならないと考えられるのである。

## いずれの時代にあっても

以上のような点を踏まえた上で、あらためて日本史上に展開した「神道」をそれ自体に即して見てみると、中世・近世・近代のいずれの時代にあっても、常に性格の異なる二系列の「神道」が存在し機能していたのを確認することができる。そして、さらに重要なのは、いずれの時代においてもその中心的な位置を占めたのが、従来から理解されてきた「(民族的)宗教としての神道」とは異質な民衆統治のための政治支配思想(宗教的政治イデオロギー)というべきもので、「国家神道」もまたその系列に属しているということである。

こうしたことから、本書では、日本において「神道《シントウ》」概念の中核を担ったと考えられる宗教的政治イデオロギーとしての特徴を持つ「神道」に視点を据えて、日本宗教史の全体を概観した。その際、とくに本書では、「神道」と「神祇道」「神祇祭祀」「神社」などの語が、相互に密接な関わりを持ちながら、しかしそれぞれ微妙に異なる独自の意味を持ち、またそのありかたや内容も時代とともに大きく変化し、従ってその相互の関係もまた時代の推移にともなって大きく変化していったことを念頭に置いて、その全体をできるだけ統一的に捉えるよう努めた。「神道」の理解をめぐる大きな混乱の最大の原因がここにあると考えたからである。これらの点を含め、読者のみなさまの厳しいご検討をいただければ幸いだと考える。

### これからの「神道」とは

最後に、「国家神道」の解体にともなって、基本的には「神道」の二重構造から解放された現代(戦後)にあって、「神道」にどのような展望が開けていると考えられるのか、この点に触れて本書を閉じることとしたい。

結論をさきに述べれば、神祇道としての「神道」、融通無碍な多神教を構成するその有機的な一部としての「神道」のありかたに徹すること、そのなかでの「神道」独自の機能と役割・特徴を明確にするよう努めること、そこにこそ今後の「神道」の進むべき道があるのではないか、というのが筆者の理解である。

このうち、「神道」独自の機能や特徴の重要なひとつが、近年刊行される多数の「神道書」で共通に指摘される「自然との共生」の問題や濃厚なアニミズム的性格などであることは疑いのないところであろう。問題はその前提、「融通無碍な多神教を構成するその有機的な一部としてのありかたに徹する」という点にある。この点こそが柳田や梅原などとの決定的な違いであり、豊かな未来への確かな展望を開く道であることに留意する必要がある。

そしてそれは、第五章でも指摘したように「国家神道」との厳しい対決と、心ならずもそれに加担してしまったことに対する真摯な反省と総括をともなうものでなければならない。日本の文化を彩り特徴づける神社建築や神社祭祀などが、文字どおり日本を代表する、人類共有の文化的遺産としての普遍的な価値を獲得し、いっそうその輝きを益《ま》すことのできる道がそこに開けていると考える。

# あとがき

私は、かねてから戦後最大のドグマとされる「神道は太古の昔から連綿と続く、自然発生的な日本固有の民族的宗教である」とする考えに疑問を持ち、その誤りを正したいと考えてきた。しかし、この問題を解明するためには、日本宗教史の全体を見なおす必要があり、日本中世史を専攻するにすぎない私には容易に手の届かないところがあった。

そうしたなか、一九九七〜二〇〇六年の十年間在職した大阪工業大学情報科学部において、「日本の歴史」「人類の歴史」「宗教文化史」「総合科目」などの授業を担当する機会を与えられ、比較的集中してこの問題への考察を進めることができた。その研究成果の一端は『日本の神社と「神道」』（校倉書房、二〇〇六年）として発表したところであるが、もう少しわかりやすく整理しなおし、あらためて公表したいと考えた。そこで講談社の横山建城氏に相談したところ、現代新書の一冊として出版しましょうとの回答をいただいた。

新書判の執筆は未経験ということもあって、大きな戸惑いと困難を抱えることとなったが、横山氏の適切な助言とご教示はそれらを克服するための大きな支えとなった。氏の編集者としての優れた能力と懇切なご指導なしに、本書が陽の目を見ることはなかった。あらためて心よりの感謝を申しあげるとともに、講談社にお礼を申し述べたい。


三月十一日に東日本大震災が発生した。

犠牲となられた方々の無念さや、いまなお厳しい避難生活を強いられているみなさまの困難を考えると、心が痛むばかりである。しかし、今回の震災で何より問題なのは、福島原発問題など明らかにそれが人災だということにある。かねてからその危険性と問題点が指摘されていたにもかかわらず、政財官（あるいは学界やジャーナリズム）が、結果としてそれを無視し「安全神話」を振りまきつづけてきたことの責任はきわめて重いといわなければならない。

現実をごまかし、厳正に事実と向き合おうとしない、手前勝手で無責任な考えや施策がいかにもろく、悲惨な結果をもたらすのかを、原発の事故は余すことなく明らかにした。

それは私たちの歴史との向き合いかたと大いに通じるものがある。今後の復興が、エネルギー政策の抜本的な転換や憲法理念の具体化など、今回の教訓に深く学んだ、未来への確かな展望を持つものであることが強く求められるところといえよう。私もまたその一端を担えればと願っている。

井上寛司

二〇一一年　四月三十日

# 参考文献（著者五十音順）


鰺坂真他『現代日本文化論の研究―天皇制イデオロギーと新京都学派』（白石書店、一九九一年）
畔上直樹『「村の鎮守」と戦前日本―「国家神道」の地域社会史』（有志舎、二〇〇九年）
阿部武彦「延喜式神名帳の人格神」（『北海道大学文学部紀要』四、一九五五年）
阿満利麿『日本人はなぜ無宗教なのか』（ちくま新書、一九九六年）
荒野泰典『近世日本と東アジア』（東京大学出版会、一九八八年）
安藤　弥「戦国期宗教勢力論」（中世後期研究会編『室町・戦国期研究を読みなおす』思文閣出版、二〇〇七年）
石上英一『律令国家と社会構造』（名著刊行会、一九九六年）
磯前順一『近代日本の宗教言説とその系譜―宗教・国家・神道』（岩波書店、二〇〇三年）
井上智勝『近世の神社と朝廷権威』（吉川弘文館、二〇〇七年）
井上順孝他編『新宗教事典　本文篇』（弘文堂、一九九四年）

井上寛司『日本中世国家と諸国一宮制』（岩田書院、二〇〇九年）
同　『日本の神社と「神道」』（校倉書房、二〇〇六年）
岩井忠熊『天皇制と日本文化論』（文理閣、一九八七年）
上島　享『日本中世社会の形成と王権』（名古屋大学出版会、二〇一〇年）
内野吾郎『新国学論の展開―柳田・折口民俗学の行方』（創林社、一九八三年）
大桑　斉『日本近世の思想と仏教』（法藏館、一九八九年）
大田壮一郎「室町幕府宗教政策論」（中世後期研究会編『室町・戦国期研究を読みなおす』思文閣出版、二〇〇七年）
岡田莊司『平安時代の国家と祭祀』（続群書類従完成会、一九九四年）
同　編『日本神道史』（吉川弘文館、二〇一〇年）
小沢　浩「宗教意識の現在」（朝尾直弘他編『岩波講座日本通史』現代2、岩波書店、一九九五年）
桂島宣弘『増補改訂版　幕末民衆思想の研究―幕末国学と民衆宗教』（文理閣、二〇〇五年）
河内将芳『中世京都の都市と宗教』（思文閣出版、二〇〇六年）
川岡　勉『室町幕府と守護権力』（吉川弘文館、二〇〇二年）
倉地克直『近世の民衆と支配思想』（柏書房、一九九六年）
黒田俊雄『黒田俊雄著作集一　権門体制論』（法藏館、一九九四年〈b〉）

同　『黒田俊雄著作集二　顕密体制論』（法蔵館、一九九四年〈a〉）
同　『黒田俊雄著作集四　神国思想と専修念仏』（法蔵館、一九九五年）
神野志隆光『古事記と日本書紀―「天皇神話」の歴史』（講談社現代新書、一九九九年）
子安宣邦『「事件」としての徂徠学』（青土社、一九九〇年）
佐々木馨『中世仏教と鎌倉幕府』（吉川弘文館、一九九七年）
佐藤弘夫『神国日本』（ちくま新書、二〇〇六年）
新城常三『新稿社寺参詣の社会経済史的研究』（塙書房、一九八二年）
平　雅行「神国日本と仏国日本」（懐徳堂記念会編『世界史を書き直す日本史を書き直す―阪大史学の挑戦』和泉書院、二〇〇八年）
高取正男『神道の成立』（平凡社、一九七九年）
高埜利彦『近世日本の国家権力と宗教』（東京大学出版会、一九八九年）
竹田聴洲『竹田聴洲著作集第三巻　民俗仏教と祖先信仰（補遺）』（国書刊行会、一九九五年）
テーウン、マーク「神祇、神道、そして神道」（『文学』九－二、岩波書店、二〇〇八年）
中井真孝「神仏習合」（上田正昭編『講座日本の古代信仰一　神々の思想』学生社、一九八〇年）
西田長男『日本神道史研究八　神社編上』（講談社、一九七八年）
同　「三教枝葉花実説の成立」（『神道史の研究　第二』理想社、一九五七年）

西山良平『都市平安京』（京都大学学術出版会、二〇〇四年）
萩原龍夫『中世祭祀組織の研究』（吉川弘文館、一九六二年）
平田厚志『真宗思想史における「真俗二諦」論の展開』（龍谷学会、二〇〇一年）
福井文雅『漢字文化圏の思想と宗教―儒教、仏教、道教』（五曜書房、一九九八年）
福山敏男『神社建築』（小山書店、一九四九年）
藤井正雄「日本人にとっての神と仏」（今野達他編『岩波講座　日本文学と仏教八　仏と神』、岩波書店、一九九四年）
前田　勉『近世神道と国学』（ぺりかん社、二〇〇二年）
三橋　正『平安時代の信仰と宗教儀礼』（続群書類従完成会、二〇〇〇年）
三宅和朗『古代の神社と祭り』（吉川弘文館、二〇〇一年）
村上重良『国家神道』（岩波新書、一九七〇年）
安丸良夫「近代天皇制の精神史的位相」（歴史学研究会編『天皇と天皇制を考える』青木書店、一九八六年）
同『日本の近代化と民衆思想』（青木書店、一九七四年）
同『神々の明治維新』（岩波新書、一九七九年）
山尾幸久「古代天皇制の成立」（後藤靖編『天皇制と民衆』東京大学出版会、一九七六年）
横田光雄『戦国大名の政治と宗教』（國學院大學大学院研究叢書・文学研究科4、一九九九年）

吉田一彦「多度神宮寺と神仏習合」（梅村喬編『古代王権と交流4　伊勢湾と古代の東海』名著出版、一九九六年）
吉村武彦『日本古代の社会と国家』（岩波書店、一九九六年）

講談社現代新書　2109

# 「神道《しんとう》」の虚像《きょぞう》と実像《じつぞう》

二〇一一年六月二〇日第一刷発行　二〇一一年七月四日第二刷発行

著者　井上寛司《いのうえひろし》　

発行者　鈴木　哲
発行所　株式会社講談社
東京都文京区音羽二丁目一二—二一　郵便番号一一二—八〇〇一
電話　出版部　〇三—五三九五—三五二一
販売部　〇三—五三九五—五八一七
業務部　〇三—五三九五—三六一五
装幀者　中島英樹
印刷所　大日本印刷株式会社
製本所　株式会社大進堂
定価はカバーに表示してあります　Printed in Japan



N.D.C.172　270p　18cm
ISBN978-4-06-288109-8

# 「講談社現代新書」の刊行にあたって

教養は万人が身をもって養い創造すべきものであって、一部の専門家の占有物として、ただ一方的に人々の手もとに配布され伝達されうるものではありません。

しかし、不幸にしてわが国の現状では、教養の重要な養いとなるべき書物は、ほとんど講壇からの天下りや単なる解説に終始し、知識技術を真剣に希求する青少年・学生・一般民衆の根本的な疑問や興味は、けっして十分に答えられ、解きほぐされ、手引きされることがありません。万人の内奥から発した真正の教養への芽ばえが、こうして放置され、むなしく滅びさる運命にゆだねられているのです。

このことは、中・高校だけで教育をおわる人々の成長をはばんでいるだけでなく、大学に進んだり、インテリと目されたりする人々の精神力の健康さえもむしばみ、わが国の文化の実質をまことに脆弱なものにしています。単なる博識以上の根強い思索力・判断力、および確かな技術にささえられた教養を必要とする日本の将来にとって、これは真剣に憂慮されなければならない事態であるといわなければなりません。

わたしたちの「講談社現代新書」は、この事態の克服を意図して計画されたものです。これによってわたしたちは、講壇からの天下りでもなく、単なる解説書でもない、もっぱら万人の魂に生ずる初発的かつ根本的な問題をとらえ、掘り起こし、手引きし、しかも最新の知識への展望を万人に確立させる書物を、新しく世の中に送り出したいと念願しています。

わたしたちは、創業以来民衆を対象とする啓蒙の仕事に専心してきた講談社にとって、これこそもっともふさわしい課題であり、伝統ある出版社としての義務でもあると考えているのです。

一九六四年四月　野間省一